W0034969

hänssler

CHRISTA MEVES / THOMAS SCHIRRMACHER

Ausverkaufte Würde?

Der Pornographie-Boom
und seine
psychischen Folgen

Christa Meves: Studium der Germanistik, Geographie, Philosophie und Psychologie; frei praktizierende Kinder- und Jugendpsychotherapeutin; Autorin zahlreicher Bücher; Trägerin zahlreicher Auszeichnungen. Ihr besonderes Engagement gilt dem Erhalt der Familie, um Kindern die Grundlage einer guten Entwicklung zu gewährleisten.

Thomas Schirrmacher promovierte in Missionswissenschaft (1985), in Kulturanthropologie (1989) und in Ethik (1996), Ehrenpromotion 1997. Er lehrt Ethik und Missions- und Religionswissenschaft an drei amerikanischen theologischen Hochschulen und ist Rektor des Martin-Bucer-Seminar, einem theologischen Seminar für Berufstätige. Daneben ist er halbtags Pfarrer der Freien Reformierten Kirche und Vorsitzender der Evangelischen Allianz Bonn. Er ist Verfasser und Herausgeber von 30 Büchern, darunter einer zweibändigen »Ethik« (Hänssler) und wird im »Who's Who in the World« 1996 & 1998 und »Who's Who in Distance Learning 1998« aufgeführt. Er ist mit der Islamwissenschaftlerin Dr. Christine Schirrmacher verheiratet und Vater eines Sohnes (7) und einer Tochter (4).

hänssler-Taschenbuch
Bestell-Nr. 393.544
ISBN 3-7751-3544-8

© Copyright 2000 by Hänssler Verlag, D-71087 Holzgerlingen
Titelfoto: Image Bank
Umschlaggestaltung: Daniel Kocherscheidt
Satz: Vaihinger Satz und Druck
Druck und Bindung: Ebner Ulm
Printed in Germany

Inhalt

I. Die Wurzeln der zunehmenden Kinderpornographie

Christa Meves

1. Gott lässt seiner nicht endlos spotten

»Als ein liberaler Journalist habe ich doch gemeint, dass die Freigabe der Pornographie zu einer Minderung der Sexualdelikte führen würde«, erklärte in seinem Debattier-Club »Talk im Turm« der langjährige Chefredakteur des Hamburger Wochenmagazins »Der Spiegel« angesichts der Aufdeckung der Mädchenmorde durch den belgischen Kinderfänger, Kinderschänder und Kinderporno-Produzenten Dutroux.[1] Ja, war Erich Böhme denn wohl wirklich durch die vergangenen drei Jahrzehnte hindurch der leichtgläubige Biedermann, als der er sich jetzt gibt – dieser Mächtige am Schalthebel einer so trendbestimmenden Medienmacht? Hatten hier nicht die Protagonisten der jahrzehntelang währenden Enttabuisierung ein weites Terrain, um ihre Parolen wirksamst in der Öffentlichkeit auszubreiten? Und wurde nicht gleichzeitig in diesen Medien unaufhörlich Gift und Galle versprüht gegen die Warner?

Die dringende Notwendigkeit, aus der zur Zeit eskalierenden Fehlentwicklung zu lernen, ist nur gegeben, wenn die aufgeschreckte Bevölkerung mit ihren Schlussfolgerungen nicht an der Oberfläche hängen bleibt. Gewiss, auch der Schrei nach einer besseren Verfolgung der Kinderschänder und nach schärferer Bestrafung der Täter ist berechtigt. Es zeugt von einem

Durchdrungensein auch bereits der Jurisprudenz mit Ideologie, wenn Kinderschänder und Vergewaltiger mit geringem Strafmaß bedacht und nur allzu oft (weil psychisch krank) erneut zu mörderischen Rückfalltätern der gleichen Art wurden. Viele unsägliche Straftaten mit Opfern, deren seelische Wunden lebenslänglich unheilbar bleiben, hätten vermieden werden können, wenn man bereit gewesen wäre und sein würde, aus der Erfahrung der Rückfallgefahr bei Tätern von Sexualdelikten den Schluss zu ziehen, dass dem Schutz der Bevölkerung Vorrang zukommen müsste vor der blind-blauäugigen Hoffnung, dass sich kranker Sexualtrieb durch Toleranz oder durch einige psychotherapeutische Sitzungen beseitigen ließe.

Gewiss ist hier neue Nachdenklichkeit angezeigt, um sich ideologische Erblindung aus den Augen zu reiben; und gewiss ist es an der Zeit, dass sich unser Familienministerium einmal einiges zum Schutz der Bürger einfallen lässt. Aber mit der Aufstockung von Familienberatungsstellen und ein bisschen Herumflicken an den Symptomen ist es nicht getan. Notwendig wäre eine entschlossene Kehrtwendung der Trends um 180 Grad. Dazu müssten zunächst die Zusammenhänge erkannt und aufgedeckt werden.

Dass man mit Kinderpornographie in Film und Video international ein Bombengeschäft machen kann, liegt zunächst einmal daran, dass hier ein Markt besteht – dass es also große Mengen von Menschen gibt, für die es zur Steigerung ihrer sexuellen Lust gehört, sich solche Filme, in denen sexueller Kindsmissbrauch pornographisch vorgeführt wird, mit Genuss anzuschauen und die sich davon deshalb jede Menge von solchen Machwerken erwerben. Man kann daraus auf ein breitflächiges Vorhandensein pädophiler Neigungen schließen.

Diese Gegebenheit muss zu der Frage führen: Wie wird der Mensch pädophil, und warum wird er das ausgerechnet in so großer Zahl in einem Zeitalter, in dem so weitgehend alle möglichen und unmöglichen Tore zur Befriedigung des Geschlechtstriebes offen stehen? Diese Frage weist zurück auf den gigantischen Feldzug der »Befreiung zur Sexualität«, der von der Mitte der 60er Jahre ab in Europa, besonders aber in Deutschland begann. Bei gleichzeitiger Freigabe der Anti-Baby-Pille schwamm dieser Trend einerseits auf den Wogen der von Amerika herein brandenden Sexwelle und verband sich andererseits mit der »emanzipatorischen Pädagogik« der Neuen Linken, die mit der Studentenrevolte von 1968 ihren »Marsch durch die Institutionen« begann.

Erklärtes Ziel war es, die Kinder und Jugendlichen zu sexueller Betätigung jedweder »polymorph-perversen Spielart« zu animieren, um mit ihrer Hilfe (durch die Zerstörung ihrer familiären Bindungen) die Überwindung des kapitalistischen Gesellschaftssystems zur Anarchie zu erreichen. Die sexuelle Befreiung der Jugend hatte das Ziel, sie als »revolutionäres Potential« in diesem Kampf einzusetzen.[2] Schmackhaft gemacht werden sollte dieses – meist schön gefärbte – notdürftig verschleierte Ziel mit Hilfe einer Ideologie, die mit seltener Unverfrorenheit plötzlich als Wissenschaft verkauft wurde: Der absurden Idee, dass Sexualität vom Säuglingsalter ab gelernt, ja, trainiert werden müsse, um zu ihrer lustvollen Entfaltung zu gelangen.[3]

Dieser Inszenierung wurde mit der Übernahme der SPD/FDP-Regierung ab 1969 alle Tore meilenweit geöffnet: Erziehung zur Sexualität vom Kindergartenalter ab wurde zur Devise. Die sexuelle Aufklärung in der Schule – gerade erst in pfleglicher Sorgfalt für das Jugendalter eingeführt – fiel jetzt vom Grundschulalter ab der ideologischen Verfrühung zum Opfer. Blutige Filme über die Geburt, pornographisches Bildmaterial, unflätige Theaterstücke (»Was heißt hier Liebe?« und »Darüber spricht man nicht«) überschwemmten – fleißig gefördert durch die Administration – die Klassenzimmer.[4] Die Jugendzeitung BRAVO, allwöchentlich millionenfach ausgestreut, installierte eine Sexseite, auf der der »Ratgeber« Dr. Sommer (ein Pseudonym) regelmäßig seine kindsverführenden Anregungen in die Kinderzimmer ausstreute.

Wer etwas von Entwicklungspsychologie und von der Psychopathologie des Kindesalters verstand, konnte wissen, was dieser Trend auslösen würde, wenn er ungeschmälert einige Jahrzehnte breitflächig fortgesetzt werden würde: Die viel zu frühe Hinlenkung der Kinder auf ihre noch ganz unausgereifte, eigentlich noch in die Verborgenheit gehörende Sexualität würde bei vielen der so Manipulierten im Erwachsenenalter zu schweren, vielzähligen Sexualstörungen führen. Es ist nicht zulässig, die Sexualität – und schon ganz und gar nicht im Kindesalter – aus ihrem Zusammenhang herauszulösen und zu einer Sache an sich zu machen. Es kommt dann zu Fixierungen an kindliche Befriedigungsformen in meist suchtartiger Form. Der so zur Maßlosigkeit manipulierte Mensch wird sexualsüchtig. Er wird an den Trieb gefesselt. Dieser beherrscht ihn, statt dass der Mensch dann noch in der Lage wäre, ihn willentlich zu beherrschen, einzugrenzen und in Schach zu halten.

Da sich diese Entwicklung zu einer epidemischen kollektiven Pervertierung auszuweiten drohte, versuchte ich damals die noch nicht gänzlich eingefangenen Menschen mit Aufsätzen, Rundfunkvorträgen und Taschenbüchern zu warnen – nicht ohne Erfolg, aber ohne Einfluss auf die Medien, die den neuen Trend als Möglichkeit zur Steigerung ihrer Verkaufszahlen und Einschaltquoten geradezu gierig aufgegriffen hatten.

Die Regierung konnte es deshalb in den 70er Jahren auch wagen, die eingrenzenden Gesetze: vor allem den Pornographie- und den Kuppeleiparagrafen zu schleifen, um mit der Devise: »Make love, not war« die letzten hinderlichen Barrieren für den fortschrittlichen Lebensgenuss abzuschaffen. In den »Hearings« in Bonn, die der gesetzlichen Enttabuisierung vorausgingen, versagten vor allem auch die einberufenen psychologischen Fachleute. Sie waren sich mehrheitlich einig, dass die gänzliche Befreiung zur Sexualität (einschließlich des scheinbar überflüssig gewordenen Schamgefühls) am Ende dieses Jahrhunderts paradiesische Zustände der Friedfertigkeit durch die Befreiung auch zu makelloser Nacktheit erreichbar machen würde. Dass die Erkenntnisse der in der ersten Hälfte des Jahrhunderts sorgsam aufgebauten Sexualwissenschaft andere, verheerend negative Prognosen möglich machten, wurde unbedacht beiseite gefegt.[5]

Diese Situation in der Mitte der 70er Jahre bedeutete eine Herausforderung der Kirchen; denn schließlich gab die Bibel, gab auch das Neue Testament ganz entschieden eine andere Zielrichtung vor. Sie rät zu sorgsamer Eingrenzung der Triebbasis, um das eigentliche Ziel: Kultivierung des Menschen mit Hilfe von opferbereiter, gottgefälliger Liebe nicht zu verstellen. Die Vergötzung der Sexualität, so lässt sich hier lernen, bedeutet Verstoß gegen das erste Gebot. Sie ist eine dumme Sünde, weil sie überheblich einen Teil der Natur an die Stelle Gottes setzt.

Der evangelischen Kirche gelang es dennoch nicht, dem zerstörerischen Zeitgeist zu widerstehen. Sie öffnete ihre Akademien und ihre Kanzeln den verwildernden Trends und versagte so zum zweiten Mal in diesem Jahrhundert angesichts des Ansturms einer eigentlich atheistischen Ideologie. Einige Insider der katholischen Kirche ließen sich entgegen den standfesten Verlautbarungen aus Rom anfechten und sogar zur Rebellion aufstacheln, besonders häufig mit Hilfe von Materialien – z.B. der Sexspiele – des BdKJ.[6]

Die Eskalation der Pädophilie und anderer Perversionen, die horrende Zunahme des sexuellen Kindsmissbrauchs auch im privaten Bereich als konsequente Folge der Fehlentwicklung ist eine große Herausforderung. Spätestens angesichts der aufgeplatzten belgischen Eiterbeule sollte das einen Aufbruch hervorrufen. Es ist an der Zeit, nicht weiterhin verantwortungslosen Schreibtischtätern und Geschäftemachern das Feld zu überlassen. Es ist in später Stunde noch möglich, Tritt zu fassen, sich neu an den vorhandenen Orientierungsmöglichkeiten der Kirche auszurichten und kämpferischen Mut zu entwickeln, wenn es darum geht, den manipulierten Enthemmern das Handwerk zu legen.

Nötig ist dazu auch ein wachsamer Protest gegen die enthemmenden bzw. pornographischen Trends im Fernsehen, die unsere Kinder mit Jugend-Talkshows und Sex-Szenen schon am frühen Abend in eine falsche Weichenstellung ihres Lebens zu nötigen suchen; denn nur wacher Widerstand vieler mündiger Bürger, die auf dem Boden des Christentums stehen, kann es vielleicht noch bewirken, dass auch unsere Regierung ihre tief bedauerliche Anpassung an den Trend zur Jugendsexualisierung aufgibt. Es wird sich vor der Geschichte als Versagen ausweisen, dass nach dem Auftauchen der tödlichen Geschlechtskrankheit AIDS mit Hilfe von so genannten »Aufklärungsschriften« aus der Bundeszentrale für gesundheitliche Aufklärung, die vom Bundesfamilienministerium getragen wird, alles versucht wurde und wird, um zu verhindern, dass die Kinder nicht etwa von der Schiene der ihnen aufgedrückten Frühsexualisierung nun wieder abrücken.[7]

AIDS ist ein Mahnzeichen, das gefährlich unzureichend beantwortet wurde. Das verbrecherische Boomen pornographischer Pädophilie als Massenphänomen ist ein zweites Menetekel. Wir sollten alle mitläuferische Trägheit abschütteln. Gott ist zwar geduldig und barmherzig, aber er lässt seiner nicht endlos spotten.

2. Eine böse aufgegangene Saat

Saat zu furchtbarer Barbarei ist also aufgegangen: Die Kinderfänger gehen um. Sie missbrauchen vor allem kleine Mädchen in der Vorpubertät für die Fabrikation von Pornofilmen und töten sie dann, damit sie sie nicht verraten. Der Bedarf für solche Produkte ist – wie gesagt – so groß, dass bereits international ein üppiger Markt dafür entstanden ist. Der belgische Verbrecher Dutroux hat sich dadurch bereits ein Immobilien-Imperium erwerben können.

Immerhin hat deshalb endlich einmal seit 1997 die Öffentlichkeit aufgeschrien. Das verspricht eine Bemühung um Abwehr dieser grausigen Fehlentwicklung. Aber dadurch, dass man den Tätern das Handwerk legt und sie (hoffentlich für alle Zeiten) aus dem Verkehr zieht, ist es nicht getan. Solange in einer solchen Menge Abnehmer für derart perverse Machwerke existieren, wird es dennoch Wiederholungstaten geben. Es bleibt deshalb oberflächlich, hier nur an den Symptomen zu kurieren; denn das Geschwür ist fundamental und hat längst Metastasen in einer unübersehbaren Fülle gebildet. Der Ursprungsherd besteht eben in einem verantwortungslos leichtfertigen Umgang mit der Großmacht Sexualität.

Die Entstehungsgeschichte dieser Fehlentwicklung wurde bereits im ersten Kapitel zusammengefasst: In der Mitte der 60er Jahre erreichte (gleichzeitig mit der

Freigabe der Anti-Baby-Pille) von den USA her anrollend die Sexwelle Europa. In Deutschland machte 1968 die Studentenrevolte, die es sich zum Ziel setzte, die Gesellschaft zur Anarchie zu verändern, die »Befreiung zur Sexualität« zu einem Programmpunkt ihres »Marsches durch die Institutionen«. Die 1969 von SPD/FDP übernommene Regierung öffnete dieser beglückend staatsfeindlichen Idee alle Tore. Die Sexualität wurde ihrer Tabuzonen enthoben. Die Lust avancierte zum höchsten Garanten des Lebensglücks. Alle herkömmlichen Bastionen der Eingrenzung wurden als eine zu überwindende »Leibfeindlichkeit« diskriminiert.[8]

Gemäß der marxistischen Ideologie wurde die Parole ausgegeben, dass das Kind vom Säuglingsalter ab in Sexualität einzuüben sei (denn alles sei eine Frage von Lernprozessen), um das hohe Lustziel auch wirklich zu erreichen. Eine Schwemme von Aufklärungsaktionen setzte ein, um spätestens vom Kindergarten ab die Kinder so einzustimmen, dass sie bis zum Beginn der Pubertät für jegliche sexuelle Betätigung aufbereitet seien;[9] denn so war und ist bis zum heutigen Tag der Tenor (bis in die Aufklärungsbroschüren der Regierung hinein)[10]: Alle Formen von Sexualität dienen gleichermaßen hedonistischer Lebenssteigerung. Sie haben deshalb alle eine gleich gute Gültigkeit, wenn sie nur gekonnt so gehandhabt werden, dass keine Kinder dabei gezeugt werden.[11]

Die Bevölkerung zeigte sich (von einigen als reaktionär gebrandmarkten Restposten abgesehen) rasch für diese Trends aufgeschlossen. Die Medien erkannten stehenden Fußes die pfundige Quelle für noch bessere Verkaufszahlen und Einschaltquoten. Von der Mitte der 70er Jahre ab war die Situation so weit gediehen, dass die einschlägigen Paragraphen, besonders der § 184 nur noch zu unwirksamen Instrumenten der Jurisprudenz absanken: In der 4. Strafrechtsreform wurde die »einfache Pornographie« freigegeben. Bald gab es immer weniger Verurteilungen wegen der noch strafbaren »harten Pornographie« und immer weniger Verurteilungen von Kinderschändern (§ 182 StGB). Die Befreiung zur Sexualität – vor allem gerade auch der Kinder und Jugendlichen – war voll erreicht. Die wenigen Restparagraphen – auch auf dem Sektor Homosexualität mit Jugendlichen bis zur Unwirksamkeit eingeschränkt – wurden immer weniger in Anspruch genommen.[12]

Die Hüllen fielen auf der ganzen Bandbreite. Die täglich millionenfach in Augenschein genommene aufreizend nackte Schöne in der Bild-Zeitung hat – so können die Macher sicher sein – mit Pornographie ebenso wenig zu tun wie die TV-Sendungen nach Mitternacht und die pornographische Videoschwemme. Das alles ist »Kunst« – und deshalb sei verdammt, wer hier Übles denkt; er erweist sich allenfalls selbst als Relikt vergangener Zeiten mit einer verklemmten Sexualität – so ging und geht die Mär.

Diese rasante Entwicklung wurde möglich, obgleich Leute vom Fach wissen konnten, wie negativ die Ergebnisse sein würden. Das dreißigjährige Großexperiment ließ sich von vornherein als halsbrecherisch kennzeichnen. Schließlich gab es bereits bis zur Mitte dieses Jahrhunderts eine gut fundierte Sexualwissenschaft. Über die Entstehung der Perversionen existierten – gefördert vor allem durch die Psychoanalyse – Bibliotheken von gesammelten Erfahrungen. Es war bekannt, dass es eines sehr sorgsamen Umgangs mit Sexualität besonders im Hinblick auf die Kinder bedurfte, damit keine neurotischen Fehlentwicklungen und vor allem auch keine Fixierungen an den verabsolutierten Trieb entstehen.[13]

Als Kinder- und Jugendlichen-Psychotherapeut konnte man deshalb voraussagen, dass durch eine so durchgängige ideologische Enthemmung vor allem Sexualsüchten und Perversionen in großem Umfang Vorschub geleistet werden würde. 1971 ging ich deshalb mit einer Arbeit unter dem Thema: »Manipulierte Maßlosigkeit – zur Sexualität befreit, zur Abartigkeit verführt« an die Öffentlichkeit,[14] um vor einem so gefährlichen Tabubruch vom Kindesalter ab zu warnen. Aber wissenschaftliche Argumentation galt von nun an nicht mehr. Sie wurde durch Ideologie ersetzt, die sich skurrilerweise als die »neue«, die »fortschrittliche« Wissenschaft verkaufte.

Mit der evangelischen Kirche hatten die Betreiber leichtes Spiel. Sie öffnete ihre Akademien dem Einzug des Zeitgeistes und bereitete so ihren eigenen Niedergang vor.[15] Widerständen im katholischen Bereich wurde ein Trommelfeuer der Mediendiffamierung entgegengesetzt, vor dem manche Geistliche ins Mauseloch krochen.[16] Papst Johannes Paul II. hingegen widerstand einsam und als rückschrittlich verhöhnt.[17]

Auch die CDU-Regierung ab 1982 erwies sich als nicht fähig, der immer größer werdenden Schutzlosigkeit der Kinder entgegenzuwirken. Im Gegenteil: Nach dem Auftauchen der Geschlechtskrankheit

18

AIDS gerieten ihr die Aufklärungsschriften aus der Bundeszentrale für gesundheitliche Aufklärung zu dem beschämenden Versuch, trotz der neuen tödlichen Gefahr einem Rückzug aus der Frühsexualisierung der Kinder entgegenzuwirken und die gekonnt schmackhaft gemachte Kindsverführung nachdrücklich aufrecht zu erhalten.

Die Moderne hat die Großmacht Sexualität leichtfertig in einer verheerenden Weise fehleingeschätzt. Es ist dem Menschen unbekömmlich, den so mächtigen, notwendigen Lebensbeweger Sexualität aus seinem Zusammenhang zu reißen. Sie hat das mit allen Grundtrieben des Menschen gemein: Isoliert man sie, setzt man sie absolut, so beginnen sie zu wuchern und den Menschen seiner Freiheit zu berauben. Sein Wille erweist sich allzu oft geringer als der hochgezüchtete, aufgereizte und absolut gesetzte Antrieb. Er verselbständigt sich und zwingt so die Menschen in die Sucht. An den Trieb gefesselt verlieren sie ihre Willensfreiheit – nicht sie sind noch in der Lage, den Trieb zu beherrschen, sondern dieser beherrscht sie. Er fordert durch immer größer werdenden Druck seinen Tribut. Der Mensch wird zu seinem Sklaven, pornographisches Material wird zum süchtig gesuchten Moloch.

Diese Entwicklung hatte zur Folge, dass jede Menge verderblicher Ware für Kinderaugen und -ohren den Medienmarkt überschwemmte. Aus sexualisierten Kindern wurden sexualsüchtige Erwachsene – besonders unter den Männern. Die frühe Stimulierung des Antriebs drängte später zur immer gleichen, oft nur schein-befriedigenden Entlastung; denn die Sexualität der so Fehlgeleiteten blieb auf das Kind fixiert. Ein Teil ihrer Seele selbst blieb infantil. Auf diese Weise wurden pädophile Bedürfnisse enorm verstärkt. Obgleich die Verführten sich dann im Erwachsenenalter als Täter gebärden, sind sie im Grunde doch erbarmungswürdige Opfer einer ihnen aufgenötigten Triebsucht im Wiederholungszwang.[18]

In den Mythen der Menschheit sind Gefahren dieser Art in ungezählten Bildergeschichten niedergelegt, als Kampf mit mächtigen Riesen und Tierungeheuern zum Beispiel – Wahrheit und Warnung zugleich im Hinblick auf den Umgang des Menschen mit seinen Antrieben.[19] Aber auch die Mythen und Märchen verschwanden mehr und mehr aus unserem Bildungsgut. Ihr Wert für die Erziehung wurde nicht mehr als das verstanden, was sie waren: Stoppschilder vor gefährlichen Sackgassen und Abgründen menschlichen Seins.

Es hat deshalb keinen Sinn, jetzt allein den Kopf einzelner untermenschlicher Geschäftemacher zu fordern. Die unzähligen leichtfertigen verantwortungslosen Schreibtischtäter (besonders in staatlich hochsubventionierten Institutionen und Gazetten)[20] tragen hier schwere Schuld. Ja, viele von ihnen machen allein die belgische Katastrophe verantwortlich und abermals zu ihrem Geschäft, nachdem sie vorher jahrzehntelang daran mitgewirkt haben, dass es zu solchen Auswüchsen kam.[21]

Auf eine Veränderung ist nur zu hoffen, wenn diese Zusammenhänge durchschaut werden und in der vom Grauen aufgeschreckten Bevölkerung eine radikale Umkehr erfolgt. Aber das hieße vor allem zu erkennen, dass der Mensch maßlos seine eigene Steuerungsfähigkeit überschätzt hat – dass er dumm und überheblich das Machen nach der eigenen Mütze an die Stelle des Hinaufhorchens und -fragens gesetzt hat. Erst nach einer solchen Rückkehr zur Realität menschlicher Ohnmacht angesichts der Mächte über ihm ließe sich auf echten Fortschritt hoffen.

Zusammenfassung

Die Erziehung zur Sexualität vom Säuglingsalter ab – ein Programm der emanzipatorischen Pädagogik seit 30 Jahren – ist zu einer makabren Eskalation gediehen. Da die Sexualsüchte, pädophile Neigungen und sonstige Perversitäten im letzten Jahrzehnt boomten, hat sich besonders nach der Auflösung und dem Unwirksamwerden der einschlägigen Paragraphen (1975 wurde die »einfache Pornographie« für Erwachsene freigegeben) ein Markt für Abnehmer von kinderpornographischen Filmen und Videos gebildet, der den ohnehin sich fortgesetzt steigernden Kindsmissbrauch dazu ausweitete, dass Kinderfänger umgehen, die die Kinder nach vollbrachter Schändung ermorden. Es wird aufgezeigt, dass die Ursache dieser Fehlentwicklung auf einer ideologischen Fehlvorstellung über die Sexualität beruht, die zum Teil wirtschaftliche, zum Teil politische Ziele hat.

II. Pornographie – Entwürdigung des Menschen

Thomas Schirrmacher

Die Zusammenfassung vorneweg:

Achtunddreißig ›vernünftige‹ Gründe
gegen die Pornographie

1) Pornographie entwürdigt die Frau und macht sie zu einem käuflichen Objekt. Sie prägt die Einstellung der Männer Frauen gegenüber und bringt Frauen um das elementare Recht, Mensch sein zu dürfen. Frauen sind laut Pornographie nackte Wesen und vor allem zur Befriedigung geschaffen.

2) Pornographie zwingt Frauen, sich einem Ideal anzupassen, um den Männern zu gefallen, und engt damit ihre Freiheit ein, sich so zu geben, wie es ihnen selbst zusagt und entspricht.

3) Pornographie verkündigt aller Emanzipation der Frau zum Trotz: Männer sind immer die Bestimmenden.

4) Pornographie schafft eine doppelte Moral. Die meisten Männer wären nämlich sicher nicht bereit, denselben Maßstab der Makellosigkeit für sich gelten zu lassen, den die Pornographie an die Frauen anlegt.

5) Pornographie macht von Idealen abhängig, denen keiner genügen kann. Pornographie macht dadurch zur normalen Sexualität unfähig und hat klinisch und wissenschaftlich nachgewiesenermaßen verheerende psychologische Konsequenzen.

6) Pornographie täuscht eine Schönheit vor, die kaum eine Frau wirklich besitzt. Die retuschierten Bilder vermitteln das Bild einer makellosen Frau, die es in Wirklichkeit nicht gibt. Dieser ›Standard‹ führt

dazu, dass viele Männer ihre eigene (›echte‹) Frau nicht mehr schön finden und viele Frauen ihren eigenen Körper nicht mehr annehmen können.

7) Pornographie zerstört also die Selbstachtung der Frau. Männer fühlen sich betrogen, wenn Frauen nicht so attraktiv sind und voll ›mitspielen‹ wie die Frauen in Pornofilmen, und werfen Frauen fälschlich Frigidität [= Gefühlskälte, Unfähigkeit zur sexuellen Erregung] vor (*Dolf Zillmann, Jennings Bryant*).

8) Pornographie erhebt den jugendlichen Körper zum Maßstab und führt deswegen zu einer maßlosen Verachtung älterer und behinderter Menschen. Pornographie fördert nämlich den Wunsch nach ständig wechselnden Partnern, die man sich wie im Kaufhaus nach vorgegebenen Kriterien auswählt, und da fallen dann alle durch das Raster, die nicht ›vorzeigbar‹ sind.

9) Erotika statten männliche Modelle häufig mit besonders eindrucksvollen Genitalien und hervorragender Potenz aus. Wahrscheinlich werden damit bei jüngeren Menschen ohnehin verbreitete männliche Minderwertigkeitsgefühle bestärkt (*Herbert Selg*).

10) Pornographie verachtet Ältere und Behinderte, ›Fülligere‹ und Entstellte, ja wen eigentlich nicht? Denn wir gewöhnen uns daran, jeden Menschen erotisch zu taxieren und daran zu messen, inwiefern er den Schönheitsidealen bzw. dem Schönheitswahn entspricht.

11) Pornographie macht den Körper des Menschen

zum höchsten Maßstab und zerstört damit alle inneren Werte einer Beziehung. Was der Mensch wert ist, wird an seinem Aussehen gemessen.

12) Pornographie misst den Wert eines Menschen daher an etwas, wofür der einzelne Mensch nichts kann. Denn wer kann sich schon sein eigenes Aussehen oder sein Alter aussuchen?

13) Pornographie belastet Kinder mit Problemen, die sie weder bewusst noch unbewusst verarbeiten können. Sie werden auf ein Ideal hin geprägt, das sie später zur Begegnung mit der ›rauen‹ Wirklichkeit unfähig macht.

14) Pornographie zerstört die Partnerschaft zwischen Mann und Frau, weil die ›Idealfrauen‹ als heimlicher Maßstab die Dritten im Bunde sind. Viele Paare sind inzwischen zur Sexualität ohne Pornographie unfähig. Manch eine Frau ›gestattet‹ ihrem Mann die Pornographie nur, weil er dadurch das Verhältnis zu ihr aufrecht erhält und nicht fremdgeht.

15) Pornographie vermittelt, Frauen müssten immer zu allem bereit sein. Da Frauen noch viel stärker als Männer darauf aus sind, sexuelle Handlungen in ein Umfeld des Vertrauens und der Versöhnung einzubetten, und außerdem durch ihren Zyklus stärkeren Stimmungsschwankungen unterworfen sind als Männer, sind sie nicht jederzeit bereit und werden vermehrt ›überfahren‹. Da waren wir gerade froh, dass die Emanzipationsbewegung dazu geführt hat, dass Frauen nicht mehr als Erfüllungsgehilfinnen der männlichen Sexualität gesehen wurden, sondern ein eigenes Recht auf sexuel-

le Erfüllung haben, und schon zerstört die Pornographie genau das wieder.

16) Die Botschaft der Pornographie steht mit ihrer angeblichen Erfüllung völlig freier und wechselnder Wünsche jeder längerfristigen Verpflichtung zur Ehe oder zur Kindererziehung völlig entgegen *(Dolf Zillmann)*.

17) Da Pornographie den Gedanken vermittelt, dass Treue äußerst langweilig sei, hat sie verheerende Konsequenzen für alle andren Lebensbereiche, in denen Treue gefragt ist.

18) Pornographie schafft eine phantastische Welt und macht dadurch unfähig zum Umgang mit der rauen Wirklichkeit. Anstatt sein Leben in eine andere Person zu investieren und für die Sexualität Pflichten in Kauf zu nehmen, die eine glückliche Partnerbeziehung mit sich bringen, braucht der Mensch nur in das Schlaraffenland zu greifen. Doch die Enttäuschung über diese ›hohlen Werte‹ ist am Ende dafür umso stärker.

19) In pornographischen Filmen wird eine Euphorie vorgegaukelt, die in der Realität selten zu erreichen ist, was selbst eine gute sexuelle Beziehung als unbefriedigend erscheinen lässt. Pornographie vermittelt, dass Sexualität in jeder Lage ein extrem euphorisches Erlebnis ist. Da sie das aber in der Realität nicht ist, führt Pornographie entweder zu ständigen Schuldzuweisungen an andere oder zur maßlosen Enttäuschung *(Dolf Zillmann)*.

20) Pornographie vermittelt den Gedanken, dass jede sexuelle Handlung zwischen Menschen möglich (und berechtigt) ist, die sich gerade zum ersten

Mal getroffen haben *(Dolf Zillmann)*. Sex ist angeblich überall möglich und gut, zu jeder Zeit und mit jedermann. Und wehe, wer da nicht funktioniert.

21) Pornographie zwingt durch ihre Allgegenwart auch die zum Mitmachen, die die Pornographie ablehnen. Sie nimmt dadurch den Menschen die Freiheit zur Entscheidung für oder gegen die Pornographie und für oder gegen die unbewussten Einstellungen und Werte, die sie vermittelt.

22) Pornographie verachtet andere Kulturen und Lebensstile und erhebt die Pornokultur zum absoluten Maßstab. Keiner kann sich ihr entziehen. Menschen aus aller Welt und aus nichtwestlichen Kulturen werden durch sie zu einer Einheitskultur gezwungen.

23) Pornographie ist die totale Vermarktung der privatesten Sache der Welt. Sex wird zu einem Zuschauersport, der möglichst öffentlich stattfinden sollte. Sie macht die Sexualität käuflich und damit wertlos. Denen, die an der Pornographie Millionen verdienen, ist jedes Mittel recht, um noch mehr daran zu verdienen. Für sie ist jede gestörte Partnerbeziehung ein zusätzliches Geschäft.

24) Pornographie entpersonalisiert die Sexualität. Das Gegenüber ist nicht mehr eine geliebte Person, sondern die anonyme, tote und käufliche Massenschönheit.

25) Pornographie beherrscht auch weiterhin die Gefühle von Menschen, die später ihre unter dem Einfluss der Pornographie getroffenen Entscheidungen bereuen. Dieser Prozess beginnt in der all-

täglichen Werbung, die ohne den entmündigenden Einfluss der Pornographie sicher viel bedeutungsloser wäre, und endet mit der Zerstörung gewachsener Partnerbeziehungen.

26) Pornographie macht süchtig wie andere Suchtmittel und ist der Einstieg in die Welt der Droge ›freie‹ Sexualität, die jede Verantwortung für das eigene Handeln leugnet. Pornographie führt zur klinisch erfassbaren Sucht. Die Pornosucht lässt sich psychologisch-medizinisch mit anderen Arten der Sucht durchaus vergleichen. Dabei finden sich klinisch nachweisbar folgende Stadien:

1. Stadium: Man kommt von der Pornographie nicht mehr los.
2. Stadium: Der Pornokonsum wird häufiger und umfangreicher.
3. Stadium: Es tritt ein Eskalationseffekt ein, indem auch mit sehr großen Mengen konsumierter Pornographie der gewünschte Erfolg nicht mehr erreicht werden kann.
4. Stadium: Es erfolgt eine zunehmende Abstumpfung und Desensibilisierung gegenüber den merkwürdigsten Darstellungen und Handlungen.
5. Es entsteht ein Zwang, das Gesehene zu praktizieren, wobei jedes Mittel recht ist. *(Victor B. Cline)*

27) Wie Hunger und Durst ganz gewiss nicht kleiner werden, wenn man im Fernsehen verlockend hergerichtete Speisen und raffiniert gemachte Getränkewerbung sieht, sondern größer, so wird der Sexualtrieb durch Pornographie und Sexfilme in al-

ler Regel nicht reduziert und abgebaut, sondern er wird stimuliert und drängt erst recht und noch stärker als vorher nach realer Befriedigung, egal welche Kosten damit verbunden sind.

28) Pornographie vermittelt ein unbeschränktes Recht, die eigenen sexuellen Wünsche rücksichtslos einlösen zu dürfen. Vergewaltigungen und sexueller Missbrauch von Kindern sind nur ein Beispiel für eine Sexualität, die den eigenen Trieb zum Maßstab aller Dinge macht.

29) Pornographie macht nachgewiesenermaßen aggressiv – vor allem gegenüber Frauen.

30) Pornographie bringt den ›Vergewaltigungsmythos‹ hervor. Forscher haben gezeigt, dass, wenn man jemanden nur weniger Minuten sexueller Gewaltpornographie aussetzt, wie Vergewaltigungsszenen oder andere Formen sexueller Gewalt gegen Frauen, anti-soziale Einstellungen und antisoziales Verhalten die Folge sind. Es steigert die Akzeptanz des Vergewaltigungsmythos, der besagt, dass alle Frauen eigentlich vergewaltigt werden wollen und sie Vergewaltigungen eigentlich genießen. Außerdem besagt er, dass Männer, die eine Vergewaltigung begehen, sexuell ausgehungert bzw. aus anderen Gründen besonders triebstark sind. Wenn die Frau bei der Vergewaltigung in pornographischen Darstellungen Lust empfindet, wird Mitgefühl scheinbar überflüssig.

31) Das vorrangige Verbrechen, das die Pornographie hervorbringt, ist die Vergewaltigung. Wer dem Vergewaltigungsmythos erliegt und Vergewaltigung immer weniger verabscheut, führt sie auch

eher tatsächlich durch. In Sexmagazinen finden sich Schritt-für-Schritt-Darstellungen, wie eine Vergewaltigung abläuft.

32) Die Zahl der Vergewaltigungen in der Ehe ist durch Pornographie sprunghaft angestiegen. Männer erwarten von ihren Frauen immer häufiger, dass sie genau das machen, was sie in pornographischen Darstellungen gesehen haben.

33) Pornographie führt zu Nachahmungsverbrechen, denn Pornographie führt dazu, dass ihre Konsumenten ausprobieren und nachahmen, was ihnen optisch vorgemacht wird.

34) Pornographie wird automatisch immer brutaler und bringt unglaubliche Gewaltorgien hervor. Die Verwendung von Sex und Gewalt wird in unseren Gesellschaften immer intensiver. Ein Bereich, in dem die Brutalisierung der Pornographie ganz offensichtlich wird, ist die Kinderpornographie.

35) Pornographie vermittelt immer häufiger den furchtbaren Gedanken, dass Gewalt bzw. Schmerzen und Sexualität zusammengehören.

36) Die Ablehnungsrate von Gruppensex, Sadomasochismus, Bestialität (sexueller Verkehr mit Tieren) usw. sinkt umso stärker, je intensiver ›normale‹ Pornographie konsumiert wird *(Dolf Zillmann, Jennings Bryant)*.

37) Da Pornographie verkündet, dass Sex keine Konsequenzen hat und man sich für nichts moralisch verantworten muss, ist sie stark dafür verantwortlich, dass Abtreibung zu einer wesentlichen ›Verhütungsmethode‹ geworden ist. Wer seine Triebe nicht beherrscht, sondern rücksichtslos auslebt,

nimmt eben am Ende auch keine Rücksicht mehr auf das Leben.

38) Die Pornoindustrie wird vom organisierten Verbrechen kontrolliert, was nicht nur an den großen Verdienstmöglichkeiten liegt, sondern auch daran, dass viele Darsteller nicht freiwillig für die Aufnahmen zur Verfügung stehen.

1. Untersuchungen zur Pornographie

Die meisten Menschen wissen über die Folgen der Pornographie das, was ihnen die Pornoindustrie oder die – vielfach auf die Pornographie angewiesenen – Medien vermitteln. Selten kommen Fachleute (Psychologen, Ärzte, Sexualforscher, Juristen) zu Wort, praktisch nie die Opfer. Im Folgenden wollen wir deswegen versuchen, die Ergebnisse ungezählter psychologischer, medizinischer und juristischer Studien zu den Folgen der Pornographie zusammenzufassen.[1]

Es wird oft behauptet, dass es nicht genügend Untersuchungen gäbe, um die Wirkungen von Pornographie genau belegen zu können. Das ist natürlich richtig, denn den Untersuchungen sind von den Möglichkeiten her enge Grenzen gesetzt. Man kann ja schließlich schlecht Vergewaltigungen im Labor durchführen.[2] Gegner der Pornographie haben nie bestritten, dass eine Beziehung zwischen Pornographie und bestimmten Handlungen nur in statistischen Häufungen bestehen können, nicht in einer zwingenden Kette.[3] Aber das gilt ja für jede psychologische Forschung! Auch sind Auswirkungen von Medienkonsum nie einlinig festzustellen und nie kurzfristiger, sondern langfristiger Natur.[4] Aber auch wenn wir das berücksichtigen, ist das Ergebnis der ethisch vertretbaren Untersuchungen für die Pornographie verheerend.[5]

Eine Ausnahme bildet der Bericht der amerikanischen ›Commission on Obscenity and Pornography‹[6] auf Bundesebene. Er wurde jedoch durch die im Folgenden häufig herangezogene Folgekommission von 1986 überholt,[7] bezieht sich auf einen Stand erst kurz nach der Freigabe der Pornographie und wird wissenschaftlich auch von Befürwortern[8] der Pornographie für unhaltbar gehalten, so etwa weil der Kommission weder Kritiker der Pornographie noch Fachleute, etwa keine Psychologen, angehörten.[9] Das Thema Sexualität und Gewalt wurde völlig ausgespart und es gab keine Aufarbeitung bisheriger Untersuchungen.[10]

Ebenso wurde der gegenteilige Beweis der Harmlosigkeit der Pornographie nicht erbracht. Die Freigabe der Pornographie hat auch nirgendwo die Zahl der Sexualverbrechen gesenkt. Es stimmt, dass in Dänemark die Zahl der Sexualverbrechen nach Freigabe der Pornographie zurückging, aber nur, weil zur gleichen Zeit viele Straftatbestände wie homosexuelle Prostitution und außerehelicher Inzest aufgehoben wurden, wie selbst die amerikanische Regierung festgestellt hat.[11]

2. Zur Verbreitung
der Pornographie

Eine »Marktübersicht« von 1990 informiert uns über die Größenordnung der Pornoindustrie in Deutschland, die seitdem natürlich noch zugenommen hat.

»Nach unserer Einschätzung gibt es in der Bundesrepublik 80 Produktionsfirmen, die sich mit der Herstellung von Erotika und Pornographie beschäftigen, mit einem geschätzten Jahresumsatz von 150 Millionen DM und rund 2500 Beschäftigten. Wie bereits erwähnt, werden pro Jahr etwa 1300 Videofilme pornographischen Inhalts auf dem Markt angeboten mit etwa 2,2 Millionen legal hergestellten Videofilmen (Vervielfältigungsstücken). Insgesamt 13,2 Millionen Videofilme werden in rund 5500 Videotheken bereit gehalten, das entspricht pro Videothek ca. 2400 Stück. Davon kommen rund 95 % zur Vermietung, der Rest wird verkauft. In den Videotheken sind rund 16 000 Arbeitnehmer beschäftigt. Der Umsatz wird in 1988 insgesamt 1,6 Milliarden DM betragen, davon ca. 300 Millionen DM (ca. 19 %) aus pornographischen Bildträgern. (Zur Klarstellung sei erwähnt, dass es auch noch rund 2300 weitere Verkaufs- und Vermietstellen gibt, in denen keine Pornographie angeboten wird: Warenhäuser, Versandhandel, Tankstellen, Fachgeschäfte, Kioske usw.) In ca. 700 Sex-Shops mit angeschlossenen Kleinkinos und ca. 300 Videokabinenbetrieben und rd. 150 35-mm-Kinos werden ca. 6000 Arbeitnehmer beschäftigt, mit einem geschätzten Jahresumsatz von 120 Millionen DM. Die Besucherzahlen in den Pornokinos sind rückläufig. Hinzu kommen noch etwa 150 Betriebe ohne Filmvorführungen, in denen Sexartikel, Dessous, Magazine u. ä. angeboten werden, mit ca. 600 Beschäftigten und einem geschätzten Jahresumsatz von 15 Millionen DM. Darüber hinaus gibt es ca. sechs Großhandelsfirmen, die fast ausschließlich mit pornographischen Artikeln handeln (Bildtonträgern, Magazinen, Printmedien, Hilfsmitteln und dergleichen), mit ca. 150 Beschäftigten und geschätzten 140 Millionen DM Jahresumsatz ... Dazu kommen in rund 1000 Nachtbetrieben (Bars, Mischbetriebe, Saunen, Filmbars und dergleichen) pornographische Filmvorführungen. Die Anzahl der Beschäftigten oder Umsätze sind uns nicht bekannt.«[12]

Nach Reiner Gödtel betrug der Jahresumsatz für pornographisches Material Anfang der 90er Jahre in den alten Bundesländern der BRD 1,1 Milliarden DM. Außerdem verdienten dort 20 000 Menschen ihren Lebensunterhalt durch Herstellung und Vertrieb pornographischen Materials.[13] Beate Uhse ging 1990 davon aus, dass mindestens 100 000 Menschen ihren Arbeitsplatz in der Erotikbranche haben.[14] 1993 betrug der weltweite Umsatz der Pornoindustrie nach Detlef Drewes schätzungsweise 50 Milliarden DM.[15] Zum Vergleich: Der damalige Daimler-Benz-Konzern (heute DaimlerChrysler) machte im selben Jahr einen Umsatz von 40 Milliarden.

Nach einer Übersicht der ›Gesellschaft zur Übernahme und Wahrnehmung von Filmaufführungsrechten mbH‹ (Düsseldorf) »Videoumsätze mit Erotika und Pornographie in der Bundesrepublik Deutschland im Jahre 1998 (teilweise geschätzt) (Videofilmkassetten, Multimediaprodukte)«[16] wurden 1998 in Deutschland in 4700 Vermietungsstellen 78 Millionen Mietvorgänge mit Pornovideos vorgenommen. In 5600 Betrieben warteten 9 Millionen Videos usw. mit Hardcorepornographie. Die Betriebe der Herstellung und des Vertriebs dieser Ware haben rund 17 000 Beschäftigte. Der Pornovideomarkt machte 36% des Gesamtvideomarktes aus. Der Gesamtumsatz wurde auf 0,97 Milliarden DM geschätzt. Dazu kommen weitere 155 Millionen DM durch den Verkauf weiterer Erotikartikel.

Fast überall in Europa ist die Verbreitung von Pornographie grundsätzlich zulässig.[17] Nur die so genannte Gewaltpornographie und Kinderpornographie sind verboten, wobei die Definition von Gewaltpornographie sehr umstritten ist und Kinderpornographie nicht die einfache Abbildung nackter Kinder – etwa in FKK-Katalogen – einschließt, sondern nur die Darstellung sexueller Handlungen mit Kindern meint.

3. Pornographie macht zur Sexualität unfähig und hat verheerende psychologische Konsequenzen[18]

Der Psychologe Herbert Selg, selbst Befürworter der Pornographie, hat die psychologischen Folgeprobleme der Pornographie im Auftrag des Pornomagazins ›Penthouse‹ erforscht und fasst sie treffend zusammen:

»Erotika statten männliche Modelle häufig mit besonders eindrucksvollen Genitalien und hervorragender Potenz aus. Wahrscheinlich werden damit bei jüngeren Menschen ohnehin verbreitete männliche Minderwertigkeitsgefühle bestärkt. Dass die Penisgröße in Erotika gezielt übertrieben wird, dass sie in der Realität weniger wichtig ist als die Qualität der Beziehungen zwischen den Partnern und weniger wichtig als das Verhalten des Mannes, dass die männliche Potenz zwar stark variiert, aber nicht die Ausmaße fantasierter Porno-Helden annimmt, ist in gut gemeinten Aufklärungs-Büchern nachzulesen; diese erreichen aber eventuell nicht die gleichen Adressaten. Klinische Psychologen und Ärzte klagen – spricht man sie auf Pornographie an – über den Leistungsdruck, der aus den extremen Darstellungen in pornographischen Werken erwächst.

Die Frauen werden in der Pornographie vergleichbar verzerrt dargestellt. Zunächst einmal werden ganz überwiegend nur Modelle gewählt, die auf das gegenwärtige Schönheitsideal der angesprochenen Käuferschicht abgestimmt sind; fototechnisch sind dabei viele ›Nachhilfen‹ möglich, so dass letztlich fast makellose und jugendliche Körper angeboten werden. Darin liegt wahrscheinlich sogar ein Grund dafür, dass viele Erotika von Frauen nicht angenommen werden: Sie spüren, dass hier körperliche Idealbilder aufgebaut werden, mit denen sie konkurrieren sollen und denen sie nicht – oder nur für relativ kurze Zeit – entsprechen können. Nehmen sie solche Erotika dennoch zur Kenntnis, können sich daraus durchaus Minderwertigkeitsgefühle ergeben.

Darüber hinaus schildern pornographische Materialien das Verhalten und Erleben von Frauen nach dem Wunsch der produzierenden Männer: als stets sexuell ansprechbare Partnerinnen – oder als schnell verfügbar gemachte Sexualobjekte. Wahrscheinlich vergleichen Männer gewollt/ungewollt ihre Partnerinnen im Alltag mit den Porno-Modellen. Dies kann zu abwegigen Erwartungen bezüglich weiblicher Attraktivität und Sexualbereitschaft führen. Enttäuschungen, die auch kaum einmal durch Diskussionen aufgefangen werden, dürften die Folge sein.«[19]

Der vielleicht bedeutendste Pornographieforscher, der amerikanische Psychologieprofessor Dolf Zillmann,[20] nennt folgende psychologische Folgen des Konsums ›harmloser‹ Pornographie und erotischer Darstellungen:[21]

1. Die Botschaft der Pornographie steht mit ihrer angeblichen Erfüllung völlig freier und wechselnder

Wünsche jeder längerfristigen Verpflichtung zur Ehe oder zur Kindererziehung völlig entgegen.[22]

2. Pornographie vermittelt den Gedanken, dass jede sexuelle Handlung zwischen Menschen möglich (und berechtigt) ist, die sich gerade zum ersten Mal getroffen haben.[23]

3. Pornographie fördert den Wunsch nach ständig wechselnden Partnern, die man sich wie im Kaufhaus nach vorgegebenen Kriterien auswählt.[24]

4. Pornographie vermittelt, dass Sexualität in jeder Lage ein extrem euphorisches Erlebnis ist.[25] Da sie das aber in der Realität nicht ist, führt Pornographie entweder zu ständigen Schuldzuweisungen an andere oder zur maßlosen Enttäuschung.

Was lehrt Pornographie also?

1. Sex ist überall möglich und gut, zu jeder Zeit und mit jedermann.
2. Sex hat keine Konsequenzen.
3. Das Aussehen bestimmt den Wert der Menschen.
4. Sex ist ein Zuschauersport, der möglichst öffentlich stattfinden sollte.
5. Treue ist langweilig.
6. Frauen müssen immer zu allem bereit sein.
7. Frauen sind nackte Wesen und vor allem zur Befriedigung geschaffen.
8. Männer sind immer die Bestimmenden.
9. Gewalt bzw. Schmerzen und Sex gehören zusammen.

Da Frauen noch viel stärker als Männer darauf aus sind, sexuelle Handlungen in ein Umfeld des Vertrauens und der Versöhnung einzubetten und außerdem durch ihren Zyklus stärkeren Stimmungsschwankungen unterworfen sind, als Männer, sind sie aber nicht jederzeit bereit und werden vermehrt ›überfahren‹. Da waren wir gerade froh, dass die Emanzipationsbewegung dazu geführt hat, dass Frauen nicht mehr als Erfüllungsgehilfinnen der männlichen Sexualität gesehen werden, sondern ein eigenes Recht auf sexuelle Erfüllung haben, und schon zerstört die Pornographie das wieder.

Die sexuelle Freizügigkeit führt oft zur Verachtung des anderen, aber auch zur vermehrten Unfähigkeit, Sexualität in Geborgenheit zu genießen. So heißt es etwa in einem Buch über Herzkrankheiten:

»Sexualität nicht mehr als selbstverständliches Geschehenlassen, als gefühlsgeleitete Zuwendung unter Liebenden, sondern als ›Leistung‹: wie sie in Sexfilmen und -blättern als Norm dargestellt und von manchen als Erwartungshaltung ins Privatleben übertragen wird: dies dürfte ein entscheidender Grund dafür sein, dass viele Herz/Kreislauf-Leidende glauben, dieser vermeintlichen Norm (die in Wirklichkeit nichts anderes als eine Ausschaltung des Gefühls und eine Degradierung der Liebe ist) nun nicht mehr gewachsen zu sein.«[26]

Da Pornographie den Gedanken vermittelt, dass Treue äußerst langweilig ist, hat sie verheerende Konsequenzen für alle anderen Lebensbereiche, in denen Treue gefragt ist!

Dolf Zillmann und Jennings Bryant untersuchten

die Auswirkungen von normaler, ›harmloser‹ Pornographie.[27] Sie kamen zu dem Ergebnis:

1. Männer fühlen sich betrogen, wenn Frauen nicht so
   attraktiv sind und voll ›mitspielen‹ wie die Frauen
   in Pornofilmen und werfen Frauen fälschlich Frigidität [= Gefühlskälte, Unfähigkeit zur sexuellen Er-
   regung] vor.
2. Ihnen wird eine Euphorie vorgegaukelt, die in der
   Realität selten zu erreichen ist, was selbst eine gute
   sexuelle Beziehung als unbefriedigend erscheinen
   lässt.[28]
3. Die Ablehnungsrate von Gruppensex, Sadomasochismus, Bestialität usw. sinkt umso stärker, je intensiver normale Pornographie konsumiert wird.[29]
   Die Einstufung von Materialien als anstößig, gefährlich oder als für Kinder zu verbieten nimmt
   ebenfalls rapide ab.[30] Das geforderte Strafmaß für
   Vergewaltigungen sinkt um die Hälfte,[31] während
   die Zustimmung zum sog. ›Vergewaltigungsmythos‹ (Engl. ›rape myth‹), auf den noch näher eingegangen wird, stark steigt.

4. Pornographie führt zur klinisch erfassbaren Sucht

Die Pornosucht lässt sich psychologisch-medizinisch mit anderen Arten der Sucht durchaus vergleichen.[32] M. Douglas Reed stellt die Frage: Kann das ekzessive Betrachten von Pornographie eine Sucht (»addiction«) sein? Sie kommt unter Hinweis auf viele medizinische Untersuchungen zu dem eindeutigen Ergebnis: Die klinischen Fakten sagen ja![33] Viele Menschen werden durch Pornographie süchtig, fliehen vor der Wirklichkeit in eine Traumwelt, in der sie endlose Stunden verbringen.[34] Wer früh mit dem Pornographiekonsum beginnt, hat Schwierigkeiten, erwachsen zu werden, und verharrt in einem unreifen Denken und einer Traumwelt, in der wirklich wird, was die Realität einfach nicht hergeben kann.[35]

Die Stadien der Pornosucht sind aufgrund klinischer Studien gut belegt. Der Mediziner Victor B. Cline fasst sie wie folgt zusammen:[36]

1. Stadium: Man kommt von der Pornographie nicht mehr los.
2. Stadium: Der Pornokonsum wird häufiger und umfangreicher.
3. Stadium: Es tritt ein Eskalationseffekt ein, indem auch mit sehr großen Mengen konsumierter Pornographie der gewünschte Erfolg nicht mehr erreicht werden kann.

4. Stadium: Es erfolgt eine zunehmende Abstumpfung und Desensibilisierung gegenüber merkwürdigsten Darstellungen und Handlungen.
5. Es entsteht ein Zwang, das Gesehene zu praktizieren, wobei jedes Mittel Recht ist.

5. Pornographie bringt den Vergewaltigungsmythos hervor

Pornographie bringt den ›Vergewaltigungsmythos‹ (Engl. ›rape myth‹) hervor. Zwei amerikanische Forscher schreiben in der Zeitschrift ›Psychology Today‹ kurz und eindeutig:

»Forscher haben gezeigt, dass, wenn man jemanden nur wenige Minuten sexueller Gewaltpornographie aussetzt, wie Vergewaltigungsszenen oder andere Formen sexueller Gewalt gegen Frauen, antisoziale Einstellungen und antisoziales Verhalten die Folge ist. Es steigert die Akzeptanz des Vergewaltigungsmythos …«[37]

Eine psychologische Studie in den USA kommt zu dem Ergebnis: »Wer Pornos sieht, verharmlost bald Vergewaltigungen.«[38] Studien der Psychologin Diana Russell von 1982 haben gezeigt, dass Konsumenten von Pornographie zum so genannten ›Vergewaltigungsmythos‹ (»rape myth«) neigen, also der Sicht, dass Frauen gerne vergewaltigt werden und sich nur zum Schein wehren.[39] Zu demselben Ergebnis kam der Untersuchungsausschuss des amerikanischen Generalstaatsanwaltes.[40] Was besagt die ›Vergewaltigungsmythologie‹? Kurz gesagt: Frauen, die vergewaltigt werden, finden fast immer am Ende Gefallen daran.[41] Eine gute Darstellung finden wir wieder bei dem Psychologen Herbert Selg, der seine Untersuchung im Auftrag des Pornomagazins ›Penthouse‹ schrieb:

»Die Funktion solcher Mythologie ist klar: Sie beschuldigt die Opfer und entschuldigt die Täter. Die so genannte Vergewaltigungsmythologie ist eine komplexe Einstellung. Was wissen wir nun über die Auswirkungen von Vergewaltigungsdarstellungen auf diese und andere Einstellungen? Zunächst ist es von entscheidender Bedeutung, ob die Darstellungen ›positiv‹ oder ›negativ‹ enden, d. h., ob schließlich die vergewaltigte Frau vom Geschehen mitgerissen wird und Lust bis zum Orgasmus erlebt (= ›positiv‹) oder ob ihre Abwehr, ihre Schmerzen, ihre Ängste dominant bleiben (= ›negativ‹). Wenn die dargestellte Frau bei der Vergewaltigung leidet, wird die Mehrzahl männlicher Pornokonsumenten nicht erregt. Es gibt hier jedoch Ausnahmen, auf die noch eingegangen werden muss. Wenn die Frau bei der Vergewaltigung Lust empfindet, wird die Mehrzahl der Männer erregt. Wegen der Lust auf Seiten der Frau wird Mitgefühl überflüssig. In der Pornographie-Landschaft sind Vergewaltigungen mit ›positivem‹ Ausgang – bis hin zur überschwänglichen Dankbarkeit der Frau gegenüber dem Täter – nicht die Ausnahme, eher die Regel. Es gibt Hinweise, dass Bilder von Vergewaltigungen mit Lusterleben der Frau in die Phantasie (von Männern und Frauen) übernommen werden (s. z. B. Ernst et al. 1975). Eine Auswirkung auf das Verhalten ist dann keineswegs auszuschließen; offenes und verdecktes Verhalten korrelieren positiv (s. Huesmann et al. 1983, 1984). Auch Folgendes kann ausgesagt werden:

Vergewaltigungsdarstellungen (mit ›positivem‹ Ende) können zu einer höheren Akzeptanz der Vergewaltigungsmythologie (s. u. a. Malamuth und Donnerstein 1982) und zu einer Abwertung der Frauen führen. Im Laborexperiment steigen Aggressivitäten, insbesondere gegen Frauen (zur Übersicht s. Selg 1986).

Noch relevanter sind aber die folgenden zusammengehörigen Befunde: Der Konsum von Gewaltpornographie desensibilisiert gegen Gewalt (s. u. a. Donnerstein und Linz 1984); jedoch auch ›normale‹ Spielfilme, die niemand als Pornographie einstuft, die aber das z. Z. tolerierte hohe Ausmaß an Aggressionen und erotisch-aggressiven Episoden gegen Frauen enthalten, können (bei Männern) die Akzeptanz interpersonaler Gewalt allgemein und speziell die Akzeptanz der Vergewaltigungsmythologie erhöhen – ähnlich wie Gewaltpornographie (s. u. a. Malamuth und Check 1981).«[42]

Zitieren wir außerdem Selg noch einmal, weil er gut die Darstellung des ›Vergewaltigungsmythos‹ durch amerikanische Psychologieprofessoren zusammenfasst. Der Vergewaltigungsmythos sagt über die Frauen:

»(1) Alle Frauen wollen (eigentlich) vergewaltigt werden. Sie genießen Vergewaltigungen.

(2) Keine Frau kann gegen ihren Willen vergewaltigt werden. Nur ›schlechte‹ Frauen werden vergewaltigt bzw. können vergewaltigt werden.

(3a) Frauen beschuldigen zum Beispiel dann einen Mann zu Unrecht der Vergewaltigung, wenn er ihnen den Laufpass geben will.

(3b) Frauen beschuldigen zu Unrecht einen Mann, wenn sie etwas anderes zu verbergen haben (wenn sie zum Beispiel bei einem Seitensprung in flagranti erwischt werden).«[43]

Über die Täter beziehungsweise die Männer besagt der Vergewaltigungsmythos:

»(1) Männer, die eine Vergewaltigung begehen, sind krank.

(2a) Männer, die eine Vergewaltigung begehen, sind sexuell ausgehungert.

(2b) Männer, die eine Vergewaltigung begehen, haben einen so starken Sexualtrieb, dass sie kaum anders können.

Die Funktion solcher Thesen ist klar: Sie entschuldigen die Täter und beschuldigen die Opfer.«[44]

Und Selg fügt hinzu, indem er die Psychoanalyse des Sigmund Freud zu Recht mitverantwortlich für die Verbreitung des Vergewaltigungsmythos macht:

»In unserem Kulturkreis glauben wir alle mehr oder weniger an diese Mythen. Dabei hat nicht zuletzt auch die Psychoanalyse Pate gestanden, die mit Freud (u. a. 1905, 1924) bei Frauen verbreitet masochistische Tendenzen sieht. Zum männlichen Geschlecht heißt es entsprechend: ›Die Sexualität der meisten Männer zeigt eine Beimengung von Aggression, von Neigung zur Überwältigung, deren biologische Bedeutung in der Notwendigkeit liegen dürfte, den Widerstand des Sexualobjektes noch anders als durch die Akte der Werbung zu überwinden.‹«[45]

Der Vergewaltigungsmythos ist nicht nur eine Sache der inneren Einstellung, sondern hat Auswirkungen auf das Handeln. Richard E. McLawhorn schreibt zu den Ergebnissen der Kommission des amerikanischen Generalstaatsanwaltes:

»Auf der Grundlage der Beweise, die die Kommission untersuchte, kam sie zu dem Schluss, dass eine Bevölkerung, die glaubt, dass Frauen gerne vergewaltigt werden, dass sexuelle Gewalt und sexueller Zwang oft erstrebenswert oder angemessen sind und dass Sexualverbrecher für ihre Handlungen nicht verantwortlich sind, mehr Akte sexueller Gewalt oder sexuellen Zwanges begehen wird als eine Bevölkerung, in der sich diese Überzeugungen nur seltener finden.«[46]

6. Pornographie macht aggressiv – vor allem gegenüber Frauen

Viele Untersuchungen[47] haben gezeigt, dass Pornographie unter bestimmten Umständen aggressives Verhalten fördert. Wird Menschen, die bereits aggressiv sind, pornographisches Material gezeigt, steigert sich ihre Aggressivität in der Regel. Sex und Gewalt im ›normalen‹ Kinofilm steigert die Bereitschaft und den Wunsch, Gewalt gegen Frauen anzuwenden, und zwar mit oder ohne sexuelle Handlungen.[48]

Etwa 30 führende Psychologen, Ärzte und Hochschullehrer führten 1986 eine Untersuchung im Auftrag des amerikanischen Gesundheitsministers (›Surgeon General‹) durch,[49] die zu für die Pornographie vernichtenden Ergebnissen kam. Alle Mitglieder stimmten in einem Punkt überein: In kontrollierten Untersuchungen unter Laborbedingungen, die natürlich nur kurzfristige Effekte erfassen können, lässt sich eindeutig zeigen, dass das Anschauen von Gewaltpornographie zu gesteigertem gewaltbereiten und aggressiven Verhalten gegenüber Frauen führt.[50]

7. Pornographie führt zu Nachahmungsverbrechen

Jerry R. Kirk schreibt über die bisher vielleicht umfangreichste Untersuchung der Pornographie durch eine vom amerikanischen Präsidenten beauftragte Untersuchungskommission des Generalstaatsanwalts:

»Die Studie zeigt eindeutig, dass es eine Verbindung zwischen harter Pornographie und gewalttätigen Sexverbrechen wie Vergewaltigung und Mord und Körperverletzungen an Frauen und Kindern gibt.«[51]

Diese Kommission kam 1986 aufgrund umfangreicher Untersuchungen ohne Gegenstimme zu dem Ergebnis, dass es eine direkte Verbindung zwischen sexuellen Gewaltakten und dem Konsum von Gewaltpornographie gibt,[52] und dies, obwohl Fürsprecher der Pornoindustrie zur Kommission gehörten!

David Alexander Scott hat eine Vielzahl von psychologischen Studien zusammengestellt, die zeigen, dass gerade die ›harmlose‹ Pornographie die Schranken gegenüber Vergewaltigung und Kindesmissbrauch aufweichten.[53]

Pornographie führt dazu, dass ihre ›Leser‹ ausprobieren und nachahmen, was ihnen optisch vorgemacht wird. So wurden vor einer Senatskommission Untersuchungen vorgelegt, die zeigen, dass 77% aller Sexualverbrecher an Jungen und 87% solcher an Mädchen zugaben, dass sie Praktiken ausprobierten, die sie in pornographischen Schriften fanden.[54] Nachdem sie entsprechende Filme gesehen hatten, sagten ein Drittel dieser Studenten der Universität von Kalifornien, dass sie glaubten, dass Frauen sich an Sex erfreuen, der ihnen aufgezwungen wird. 75% von ihnen würden eine Vergewaltigung erwägen, wenn sie wüssten, dass sie garantiert nicht erwischt würden.[55]

Das vorrangige Verbrechen, das die Pornographie hervorbringt, ist natürlich die Vergewaltigung.[56] Wer dem Vergewaltigungsmythos erliegt und Vergewaltigung immer weniger verabscheut, führt sie auch eher tatsächlich durch. In Sexmagazinen finden sich Schritt-für-Schritt-Darstellungen, wie eine Vergewaltigung abläuft, ohne dass irgendjemand Protest erhebt.[57] Sollte wirklich jemand meinen, dass solche Abbildungen und Zeichnungen nur der Bildung dienen?

Eine hochkarätige Untersuchungskommission des kanadischen Justizministeriums kam bei einer Untersuchung der kanadischen Vergewaltigungsfälle bereits 1983 zu dem Ergebnis,[58] dass sich etwa 50% aller Vergewaltiger mit Pornographie auf die Vergewaltigung vorbereitet hatten. Im Einzelnen galt dies für etwa 75% der hetero- und der homosexuellen Kindesmissbraucher, für etwa 60% der Inzester und für etwa 38% der ›normalen‹ Vergewaltiger.[59] Ähnlich kam ein Gutachten für den amerikanischen Generalstaatsanwalt 1985 zu dem Ergebnis, dass alle amerikanischen sexuellen Gewaltverbrecher gestehen, dass Pornographie ihren Wunsch nach abweichenden Aktivitäten erhöht hat,[60] ja dass dies mittlerweile zur Standardentschuldigung vor amerikanischen Gerichten gehört! Überhaupt zeigen nach James B. Weaver klinische Studien,

dass pornographisches Material bei fast allen Sexualverbrechen eine Rolle spielt.[61]

»Eines der stärksten Argumente für einen ursächlichen Zusammenhang zwischen Pornographie und Gewalt gegen Frauen liefert Diana Russell, die behauptet,
dass Männer tatsächlich eine Veranlagung zu Gewalt
und damit zu Vergewaltigung haben. Wie wirkt dann
jedoch Pornographie auf Männer mit einer solchen
Veranlagung? Laut Russell werden viele Männer allein
durch moralische und kulturelle Hemmungen von der
Erfüllung ihres durch Veranlagung induzierten Begehrens abgehalten. Genau diese moralischen und kultu-
rellen Hemmungen werden von Pornographie unter-
miniert. Russells Argument trifft insofern einen
Punkt, weil Pornographie tatsächlich eine Rolle bei
der Unterminierung von Hemmungen bei Männern
spielt, insofern das pornographische Szenario Frauen
so darstellt, dass die Männer Gewalt begehen, und
Männer in einer Kultur präsentiert, die Gewalt zulässt.
Diese Einsichten müssen jedoch so in ein Kausalitäts-
modell übersetzt werden, dass die Frage der Hemmungen in ihrer ganzen Komplexität aufgeworfen
wird – eine Frage, die uns zum Begriff des Begehrens
zurückführt.«[62]

Rousas J. Rushdoony erkennt in der harten Pornographie die Aufforderung zur Vergewaltigung.[63] Er
verweist darauf, dass auch Feministinnen diesen Vor-
wurf erhoben haben.[64] Dass Alice Schwarzer und andere Repräsentanten der feministischen Bewegung
Pornographie als Vorstufe der Vergewaltigung anse-
hen, werden wir noch sehen.

Es geht hier nicht nur um theoretische Überlegungen, sondern um Fakten, die sich mit Zahlen belegen lassen. Der Jurist Friedrich-Christian Schroeder schreibt dazu:

»In einer Untersuchung der Psychiatrischen Klinik der Universität Heidelberg wurde ermittelt, dass bei 37 jugendlichen, heranwachsenden und jungerwachsenen Tätern von Tötungsdelikten in 3 Fällen der Konsum von Horror- oder Pornofilmen strafmildernd berücksichtigt worden war. Bei einer Untersuchung in den USA wurde 1973 festgestellt, dass Vergewaltigungstäter fünfzehnmal häufiger als eine Kontrollgruppe im Alter zwischen sechs und zehn Jahren harte Pornographie genossen hatte. Andere Forschungen ergaben allerdings keine signifikanten Unterschiede.«[65]

Nach von der amerikanischen Bundesregierung finanzierten Untersuchungen von Ann Burgess benutzen Kinderverführer Kinderpornographie oft, um Kinder zu überreden, mitzumachen, weil doch gar nichts dabei sei.[66] Ähnlich berichtet James Dobson, Mitglied der Kommission des amerikanischen Generalstaatsanwaltes zur Wirkung von Pornographie, dass Pädophile, die im Schnitt 366 Jungen und Mädchen in einem Leben missbrauchen, Pornographie verwenden, um die Hemmschwelle der kleinen Kinder herabzusetzen.[67]

Oft verschwiegen wird, dass die Zahl der Vergewaltigungen in der Ehe durch Pornographie sprunghaft zugenommen hat.[68] Frauen beklagen sich zunehmend, dass ihnen von ihren Partnern durch Pornographie angeregte Sexualpraktiken aufgezwungen werden. Pornographie ist zum festen Bestandteil von Vergewalti-

54

gungen und Praktiken gegen den Willen der Frauen in Ehe und festen Beziehungen geworden, da die Männer Vorgegebenes nachahmen wollen und die Frauen befürchten, dass ihre Männer andernfalls zu willigeren Partnerinnen oder zu Prostituierten wechseln.

Es ist überhaupt an der Zeit, dass die Opfer der Pornographie endlich an die Öffentlichkeit gehen[69] und von dieser nicht automatisch als Spielverderber gebrandmarkt werden.

Dass die Kinderpornographie eine Vielzahl gemeinster Verbrechen hervorbringt, ist eigentlich klar. Kinderpornographie lichtet nicht nur Kindesmissbrauch ab, sondern ist selbst Kindesmissbrauch.[70]

»Die USA sind der weltweit größte Importeur von Kinderpornographie und minderjährigen Prostituierten. Obwohl käuflicher Sex und Bordelle grundsätzlich verboten sind, verdienen nach Schätzungen der Kinderhilfsorganisation ›Defence for Children International‹ zwischen 90.000 und 300.000 minderjährige Mädchen ihren Lebensunterhalt mit ihrem Körper. Über zwei Millionen Kinder gelten als so genannte ›happy hookers‹, als Feierabend- und Gelegenheitsnutten. Über die New Yorker Docks werden viele Kinder aus Puerto Rico, Jamaika, Mittelamerika und Mexiko ins Land geschleust. In seinem Buch ›Crime Inc.‹ bezeichnet der amerikanische Autor Martin Short die Pornographie als ›den expansivsten Wirtschaftszweig der Mafia mit einem Jahresumsatz von sechs Milliarden Dollar‹. Kinderpornographie habe daran einen beträchtlichen Anteil. ›Hübsche‹ Kinder werden aus Mexiko, Guatemala, El Salvador, Nepal, den Philippinen und anderen Entwicklungsländern eingekauft.«[71]

Kindesmissbrauch und Kinderpornographie sind eben nur zwei Seiten einer Münze.

»Der Wunsch, eine Sammlung von Fotos möglichst vieler Kinder zu haben, scheint eine allgemeine, wenn auch nicht immer zu findende Charakteristik der Pädophilen zu sein.«[72]

8. Der Selbstwiderspruch der feministischen Pornographiekritik

Alice Schwarzer und andere Repräsentanten der feministischen Bewegung[73] sehen Pornographie als Vorstufe der Vergewaltigung an. Alice Schwarzer schreibt:
»Das ist das neue Bild: die vernuttete Frau. Pornographie ist, wenn die Erniedrigung der Frau – das ist das Entscheidende! – sexualisiert dargestellt und propagiert wird. Egal ob das die so genannte Weich- oder Hartpornographie ist. (Wir haben ja zur Zeit eine Bedrängung der weichen Pornographie durch Hartpornographie. Die Produzenten der weichen Pornographie sind bedroht oder aber stellen sich – wie das Haus Uhse – verstärkt um auf Hartpornographie.) Pornographie propagiert ein Bild von Frauen als Objekte, die man benutzen kann, erniedrigen, foltern, töten kann, ja muss, weil das lustbringend ist. Selbstverständlich formt sie die Phantasie, die Bedürfnisse und den Blick, vor allem von den besonders formbaren jungen Leuten. Pornographie ist eine Propagierung der Frauenverachtung, der Menschenverachtung. Gerade wir Deutschen wissen, was das heißen kann, wenn man ungestraft und unwidersprochen die Verachtung und Erniedrigung von Menschen propagieren kann – und bis wohin das führen kann ...
Die allgegenwärtige Pornographie – die nichts mit Erotik zu tun hat, ganz im Gegenteil – hat die Erotik

kaputtgemacht. Denn sie propagiert etwas ganz Un-erotisches: mechanisch rein-raus, oben-unten. Die Pornographie hat auch den Blick der Frauen geprägt.«[74]

Die feministische Bewegung ist allerdings hier in einem tiefen Selbstwiderspruch gefangen, will sie doch Gewalt gegen Frauen bekämpfen und sieht Pornographie zu Recht als deren Wegbereiter an, will aber zugleich kein gesetzliches Verbot der Pornographie oder von aufreizenden Nacktdarstellungen, sondern macht sich über engstirnige und prüde Konservative lustig – und dies, obwohl Alice Schwarzer im obigen Zitat selbst zugibt, dass die gefährliche Entwicklung bereits bei der weichen Pornographie beginnt.

Die Blauäugigkeit von Schwarzer wird auch deutlich, wenn sie ihre Fehleinschätzung der Freigabe der Pornographie in Deutschland 1975 beschreibt:

»Es ist wahr, dass wir alle, auch jemand wie ich, damals nicht alarmiert waren. Für mich war die Reform des Sexualstrafrechts ein Fortschritt.«[75]

Schwarzer und andere waren damals nicht nur nicht alarmiert, sondern haben die Warner, die die Entwicklung recht genau vorausgesehen haben, bekämpft und lächerlich gemacht. Über einen der Väter der sexuellen Revolution schreibt Schwarzer:

»Alexander Mitscherlich hat 1975 in dem Hearing zur Sexualrechtsreform gesagt, er sei für mehr Freiheit und er hoffe auf den Schock der aufklärenden Selbsthilfe der Bürger gegen Schund. Ich möchte Alexander Mitscherlich, der nicht mehr lebt, nichts unterstellen, aber ich vermute, er würde zu den Menschen gehören, die heute die Hände über dem Kopf zusammenschlagen über die Entwicklung der letzten 13 Jahre, die die Liberalisierung des Porno-Paragraphen nicht verursacht, aber möglich gemacht hat.«[76]

Ja, die Geister, die man gerufen hat, wird man nicht mehr los. Wäre es da nicht an der Zeit, endlich einmal auf die zu hören, die schon immer gewarnt haben, Pornographie einschließlich erotisierender halbnackter Darstellungen sei nicht harmlos, und dies zunehmend mit überzeugenden Studien belegen?

Auch die führende SPD-Politikerin Renate Schmidt berichtet von der Fehleinschätzung der Freigabe der Pornographie 1975.[77] Sie behauptet, dass »man« keine Änderungen erwartete,[78] was natürlich bestenfalls für die damaligen Regierungsparteien galt! Schmidt schreibt:

»Zudem hat sich die Annahme von damals, es werde zu keiner nennenswerten Steigerung des pornographischen Materials kommen, als irrig erwiesen.«[79]

Wieso feierte Beate Uhse dann das neue Gesetz auf den Bahamas und erwartete riesige Umsatzsteigerungen, wie wir gleich sehen werden?

Heute erlebt Renate Schmidt das, was die einstigen Warner durch ihre Partei und andere erleiden mussten. Sie berichtet, dass, seitdem sie sich kritisch mit dem Thema Pornographie auseinander setze, sie eine merkwürdige Zurückhaltung vieler Bekannter erlebe, die nicht glauben können, dass eine so lebensfrohe Frau so prüde und verklemmt sei.[80]

Trotz allem muss ein von Renate Schmidt herausgegebener Band, der sich kritisch mit Pornographie auseinander setzt, natürlich auch Beiträge der Pornoindustrie selbst enthalten,[81] so einen Jubelgesang von Beate Uhse auf ihre Firmen ›Beate Uhse Versand‹ und ›Dr. Müller Läden‹.[82]

Beate Uhse findet es »bedauerlich« und »ziemlich unfair« und verlogen, »wie falsch Pornogegner argumentieren«, wenn sie behaupten, Pornographie sei »stets mit Gewalt gleichzusetzen«. Gewaltpornographie gibt es im normalen Sexshop angeblich nicht, ist sowieso illegal und »selbst für Branchenkenner auf dem Schwarzmarkt schwer erhältlich«.[83] Das halte ich für falsch, auch für den Stand von 1990, denn Uhse muss genau wissen, wie leicht es ist, Filme und Fotos mit Gewaltpornographie zu beschaffen. In den USA wie in vielen anderen Ländern sind die Pornoläden längst einschlägig sortiert, so nach homosexueller Gewalt, Erbrechen beim sexuellen Akt, Vergewaltigung, Vergewaltigung durch mehrere Männer und Frauen zugleich, Einführen von Gegenständen, Folterung usw.[84] Spätestens das Internet hat ihre Ausführungen sowieso überholt, ohne dass bekannt wäre, dass Uhse irgendetwas gegen diese Entwicklung unternehme. Im Gegenteil, sie nutzt selbst das Internet nicht nur zu Werbezwecken, sondern auch, um gegen Gebühr Kunden in ihrer Fotosammlung suchen zu lassen.

Die Fehler der feministischen Pornographiekritiker sind,

1. dass sie nur den Angriff auf die Frauen anprangern – was aber ist mit Kindern und Männern, mit Behinderten und ›Hässlichen‹ als Opfer?

2. dass sie übersehen, dass die von der feministischen Bewegung selbst geförderte und erkämpfte Freizügigkeit in sexuellen Dingen maßgeblich an der Pornographiewelle beteiligt ist;

3. dass sie die führende Beteiligung von Frauen an der Pornoindustrie verschweigt und sie als reine Männersache hinstellt.[85]

Von feministischer Seite wird nämlich nie darauf hingewiesen, dass das Anschwellen der Pornographie nicht ausschließlich Männersache war, sondern in Deutschland gerade auch mit dem Namen einer Frau, eben Beate Uhse, verbunden ist, die wiederum die früheren Antipornographiegesetze für typische Auswüchse männlicher Herrschaft ansah.[86] Uhse hatte bereits 1974, also schon bevor das Gesetz zur Freigabe der Pornographie zum 1. 1. 1975 in Kraft trat, ein Rekordjahr und feierte das neue Gesetz, das sie auch als persönlichen Triumph verstand, auf den Bahamas.[87] Frauen sind auch zunehmend Konsumenten von Pornographie. Der Hauptanteil der Kunden von Beate Uhse liegt nach eigenen Angaben bei den 18- bis 35-Jährigen. 30% der Kunden seien Frauen, bei den 18- bis 25-Jährigen sogar 46,6%.[88]

Auch einer der Väter der sexuellen Revolution, Ernest Bornemann, beklagt die Entwicklung, macht sich aber zugleich über alle Pornographiegegner lustig[89] und macht den angeblich patriarchalischen Kapitalismus als eigentlich Schuldigen aus. Er beklagt treffend

»... eine stetig wachsende Vermarktung der Sexualität und eine rapide Verwandlung des Geschlechtsverkehrs in einen Warenverkehr ... Mein eigentliches Thema ist die Zersetzung aller sexuellen Werte und ihr Zerfall in Tauschwerte, die Verdinglichung der Libido [= sexuelle Begierde] und ihre Reduktion zum Konsumartikel.«[90]

Solange männliche und weibliche Autoren zwar die

Folgen der Pornographie bejammern, aber alle Gegner der Pornographie mit unsachlichen Argumenten abservieren und sie als einfach prüde und verklemmt hinstellen, wird die Entwicklung nur immer schlimmer werden, ohne dass etwas geschieht. Am Ende steht dann ein Scherbenhaufen, für den dann niemand verantwortlich sein will. Da klingt die Forderung von Kinderpornographie-Experten der Polizei doch ganz anders:

»In diesem Zusammenhang wäre es höchste Zeit, eine gesellschaftliche Ächtung jeder Form von Pornographie und jeder anderen menschenunwürdigen Darstellung von Menschen durch das Aufzeigen der Zusammenhänge zu initiieren.«[91]

9. Pornographie wird automatisch immer brutaler und bringt unglaubliche Gewaltorgien hervor

Wie von Gegnern der Pornographie angekündigt, nimmt die Pornographie immer brutalere und perversere Formen an. Die führende SPD-Politikerin Renate Schmidt schreibt:

»Der Markt der pornographischen Möglichkeiten hat sich – ähnlich wie in den USA – von einer sanften Sex-Spielwiese zu einer harten Pornowelt mit zunehmender Brutalität gegen Frauen geändert.«[92]

Eine einfache Suche im Internet fördert heute auch für den Außenseiter in Kürze die abscheulichsten Bilder zu Tage. Sexueller Verkehr mit Toten, mit Kopflosen, mit Tieren und Kindern, mit gefesselten, verprügelten und gefolterten Menschen sind an der Tagesordnung. Ein Befürworter der Pornographie schreibt dazu:

»Es gibt Hinweise, dass der Anteil Gewalt in den Erotika steigt. Entgegen früherer Meinung erregen auch Beschreibungen gewaltdurchsetzter Sexualität den Konsumenten. Bei Vergewaltigungs-Darstellungen ist es wichtig, ob das Opfer zum Orgasmus gelangt oder nicht. Vergewaltigungen mit Orgasmus der Frau stimulieren stark, oft stärker als Beschreibungen ›normalen‹ Geschlechtsverkehrs. Die Betonung negativer Erlebnisse des Opfers reduzieren oder hemmen vielfach die Erregung; aber es gibt genügend Ausnahmen unter den Männern, die ohnehin bereits gewaltorientiert sind. Genau diese könnten auch die Hauptabnehmer des entsprechenden Angebots auf dem Markt sein.«[93]

Andere Autoren haben diese Entwicklung hin zu immer brutaleren Darstellungen ebenfalls bestätigt. So schreibt der Jurist Gerhard Merkl:

»Die Entwicklung der letzten Jahre könnte man mit dem Satz umschreiben: immer mehr und immer härtere Pornos mit immer jüngeren Opfern. Über die Ursachen wird viel diskutiert. Ein Grund ist sicher die Teilfreigabe der Pornographie durch die sozial-liberale Koalition im Jahre 1975 gewesen. Unter Berufung auf fehlende Sozialschädlichkeit wurde das bis dahin bestehende absolute Herstellungs- und Verbreitungsverbot für die so genannte einfache Pornographie eingeschränkt. In der Überzeugung, dass diese bei Erwachsenen keine fassbaren Schäden anrichtet, erschien der damaligen Koalition die diesbezügliche Strafdrohung als moralische Bevormundung des mündigen Bürgers, die es zu beseitigen galt. Mit diesen Maßnahmen wurde eine gesellschaftspolitische Weichenstellung vorgenommen. Aufgrund der Freigabe entfaltete sich ein Markt, der auch den Gesetzen des Marktes folgt, der Bedürfnisse also nicht nur befriedigt, sondern auch weckt und für ganz andere Zwecke nutzt. So wurde Pornographie, oder vorsichtiger ausgedrückt: etwas, was man vor 20 Jahren noch als Pornographie angesehen hätte, fast für jeden verfügbar. Die Bundesrepublik Deutschland hat damals die Konvention von 1923 gekündigt, ein mich noch heute bedrückender Vorgang.«[94]

In dem Video ›The Morbid Snatch‹[95] – um nur ein Beispiel unter vielen zu zitieren – planen zwei Männer die Entführung eines jungen Mädchens und führen sie aus. Sie machen mit dem Mädchen die brutalsten Dinge, setzen es unter Drogen, setzen sie auf kalte Steinböden, vergewaltigen sie, zwingen sie zum Sex mit einem Mann und einer Lesbierin gleichzeitig. Die Frau reagiert immer wieder selbst erotisch, was typisch für den oben beschriebenen so genannten ›Vergewaltigungsmythos‹ ist.

Das Jubiläumsheft zum 25-jährigen Jubiläum von Playboy enthält farbige Cartoons, die eine von einem Hund vergewaltigte Frau und Nikolaus beim Geschlechtsverkehr mit Rentieren zeigt.[96]

Ein Bereich, in dem die Brutalisierung der Pornographie ganz offensichtlich wird, ist die Kinderpornographie. Brutalisiert werden nicht nur die Leser und die zu den Aufnahmen grausam gezwungenen Kinder, sondern auch die daran beteiligten Eltern oder Erziehungsberechtigten. Wichtig ist dabei, »dass Kindesmissbrauch in diesen globalen Netzen keineswegs ein rein verbaler Spaß für verklemmte Gedankentäter ist, sondern der erste Schritt zur realen Tat«.[97]

Die Reaktion des Staates ist zwar inzwischen erfolgt, aber doch nicht weit reichend genug. Merkl schreibt:

»In einem Teilbereich schlägt das Pendel jetzt zurück. Ich meine die Kinderpornographie. Hier hat der Gesetzgeber vor kurzem neue strafrechtliche Bestimmungen geschaffen. Seit dem 1. September 1993 sind Erwerb und Besitz von Kinderpornographie strafbar. Dies wird ergänzt durch Strafverschärfungen für Herstellung und Vertrieb solcher Machwerke sowie für gewerbsmäßiges und bandenmäßiges Handeln. Vor allem Berichte in den Medien hatten einer breiten Öffentlichkeit vor Augen geführt, welch abscheuliche Praktiken bei der Herstellung von Kinderpornographie gang und gäbe sind. Und in der Tat ist der Missbrauch von Kindern und sogar von Säuglingen in diesem Bereich erschütternd. Welche Ausmaße die Verbreitung von Kinderpornos angenommen hat, weiß dabei niemand genau; man schätzt, dass es bei uns ein Videoaustauschnetz von etwa 20 000 Abnehmern und Verteilern gibt. Am Werk sind skrupellose Geschäftemacher, aber auch – und das ist besonders bedrückend – Väter und Mütter, die ihre Kinder missbrauchen und so zur Ware degradieren. Wir wissen, dass die betroffenen Kinder in vielen Fällen lebenslange psychische Schäden davontragen. Wir müssen daher versuchen, solchen Erscheinungen auch mit strafrechtlichen Mitteln entgegenzuwirken und sie zu unterbinden.«[98]

Der Staat bekämpft dabei die Kinderpornographie nach wie vor halbherzig – meines Erachtens, weil er ungern die Freiheit der Pornographie an sich in Frage stellen will. Bei 30 000 - 40 000 regelmäßigen Konsumenten von Kinderpornographie allein in Deutschland mit 400 Millionen DM Umsatz[99] müsste viel mehr geschehen. Der Besitz von Kinderpornos, die vor dem 23.7.1993 erworben wurden, ist nicht strafbar, so dass viele Täter einfach behaupten, das Material vorher erworben zu haben, wie Polizeiexperten berichten.[100] Die Verjährungsfrist betrifft unglaubliche sechs Monate – wie soll die Polizei da nachkommen – und es werden praktisch nur Geldstrafen verhängt,[101] wenn überhaupt, denn seit 1993 hat es kaum je Anklagen gegeben.[102]

»Das Fazit nach dem Blick in das Rechtssystem ist wenig ermutigend: Es wimmelt nur so von Unklarheiten, unübersichtlichen Regelungen, denen es stets um etwas anderes geht, nur nicht um den Schutz und die Garantie einer ungestörten psychischen und sexuellen Entwicklung von Kindern und Jugendlichen.«[103]

Detlef Drewes warnt zum Beispiel schon vor einer »Kooperation der Pornohändler mit den Satanisten«,[104] denn beide benötigen immer neue Kinder für ihre Praktiken.

10. Die Pornoindustrie ist in der Hand des organisierten Verbrechens

Die Pornoindustrie wird vom organisierten Verbrechen kontrolliert,[105] was nicht nur an den großen Verdienstmöglichkeiten liegt, sondern auch daran, dass viele Darsteller nicht freiwillig für die Aufnahmen zur Verfügung stehen.

»In seinem Buch ›Crime Inc.‹ bezeichnet der amerikanische Autor Martin Short die Pornographie als ›den expansivsten Wirtschaftszweig der Mafia mit einem Jahresumsatz von sechs Milliarden Dollar‹. Kinderpornographie habe daran einen beträchtlichen Anteil. ›Hübsche‹ Kinder werden aus Mexiko, Guatemala, El Salvador, Nepal, den Philippinen und anderen Entwicklungsländern eingekauft.«[106]

Der Untersuchungsausschuss des amerikanischen Generalstaatsanwalts geht davon aus, dass 1985 mindestens 85% der Pornoindustrie vom organisiertem Verbrechen kontrolliert wurden.[107]

»Die Beweise zeigen, dass es eine Verbindung zwischen der pornographischen Industrie und dem organisierten Verbrechen gibt.«[108]

1975 wurden bereits ca. 80% der Pornoindustrie von der Mafia kontrolliert, zehn Jahre später war es zwischen 85 und 90%.[109]

»Pornographie ist weltweit eine Milliarden-Dollar-

Industrie geworden, die größtenteils vom organisierten Verbrechen kontrolliert wird.«[110]

Deutsche Untersuchungen bestätigen das:

»Der Pornomarkt ist ein Sumpf, auf dem organisierte Kriminalität gedeiht. Wir brauchen eine öffentliche Sensibilisierung für das darin liegende Gefahrenpotential.«[111]

In der Regel wandern 50% vom Gewinn an das organisierte Verbrechen weiter.[112]

Mit welch harten Bandagen die Pornoindustrie kämpft und welche Verachtung sie für den demokratischen Staat an den Tag legt, zeigt auch, dass die Firmen, die ›Playboy‹ und ›Penthouse‹ herausgeben, alle Mitglieder des Untersuchungsausschusses des Generalstaatsanwaltes der USA, der im Auftrag des Präsidenten die Folgen der Pornographie untersuchen sollte, wegen ihres Berichtes persönlich auf 30 Millionen Dollar Schadensersatz verklagten.[113]

Angesichts der Tatsache, dass Pornographie mit brutalen Handlungen und mit organisierter Kriminalität zusammenhängt, kann man sich über die Verharmlosung durch Politiker und Richter nur wundern.

Ein typischer Fall von Verharmlosung muss hier genügen. Die Richter des obersten Gerichtes von New York weigerten sich sogar in einem Fall von Kinderpornographie, das Material anzusehen, da dies befangen machen würde, und entschieden, dass Pressefreiheit Kinderpornographie mit einschließe. (Apropos Pressefreiheit: Hat jemals jemand die Kinder um Erlaubnis gebeten oder ihnen Tantiemen gezahlt? Haben die Kinder ihr Copyright abgegeben?) Erst der Oberste Gerichtshof der USA verwarf diese Argumentation.[114] Ein anderer amerikanischer Richter weigerte sich ebenfalls, das Filmmaterial mit Kinderpornographie anzuschauen, das gegen einen Angeklagten sprach, da er dadurch voreingenommen würde. Kein Wunder, dass er noch nie einen Pornographieproduzenten auch nur zu einem einzigen Tag Gefängnis verurteilt hat.[115]

11. Ist nur die harte Pornographie gefährlich?

Wir haben bereits gesehen, dass David Alexander Scott eine Vielzahl von psychologischen Studien zusammengestellt hat, die zeigen, dass gerade die ›harmlose‹ Pornographie die Schranken zu Vergewaltigung und Kindesmissbrauch aufweicht.[116]

Dass Nacktdarstellungen in ›normalen‹ Zeitschriften, in der Werbung, in FKK-Werbung und an anderer Stelle ebenfalls gefährliche Konsequenzen haben, soll in den folgenden Abschnitten gezeigt werden. Namentlich Neil M. Malamuth hat gezeigt, dass gerade auch die Massenmedien die Hemmschwelle gegenüber Sexualverbrechen herabsetzen[117] und den Vergewaltigungsmythos fördern. Eine Leserbriefschreiberin in der Frankfurter Allgemeinen Zeitung schreibt deswegen:

»Wie Hunger und Durst ganz gewiss nicht kleiner werden, wenn man im Fernsehen appetitlich verlockend hergerichtete Speisen und raffiniert gemachte Getränkewerbung sieht mit lustvoll trinkenden Menschen und perlenden Getränken, sondern größer, so wird der Sexualtrieb durch Sexfilme in aller Regel nicht reduziert und abgebaut, sondern er wird stimuliert und drängt erst recht und noch stärker als vorher nach realer Befriedigung. Sollte sich ergeben, dass der Massenkonsum von Pornographie tatsächlich die Zahl der Kinderschändungen steigen lässt, dann ist die Frage zu erörtern, ob die ›Erotikspezialistinnen‹ und -spezialisten der ›Unterhaltungsbranche‹ (Finkenzeller) ihr übles Handwerk weiterhin uneingeschränkt ausüben dürfen.«[118]

Alle, die argumentieren, dass die Wirkung von Nacktdarstellungen nicht wissenschaftlich zu belegen seien, kennen nicht nur die einschlägigen Untersuchungen nicht, sondern übersehen auch, dass eine solche Argumentation durch die Existenz der Pornowerbung ad absurdum geführt wird. Wenn Pornographie so wirkungslos ist, warum wird sie dann von der Werbung eingesetzt? Und warum macht die Pornoindustrie selbst dann soviel Werbung mit pornographischen Bildern?

Der Psychologieprofessor Victor B. Cline sagt zu Recht, dass die Werbeindustrie nicht Milliarden investieren würde, wenn Bilder nicht unser Verhalten beeinflussen würden.[119] Warum soll das aber gerade nicht für pornographische Abbildungen gelten? Und warum soll man dann nicht fragen dürfen, welche Konsequenzen solche Bilder haben?

12. Pornographie
und Massenmedien

Bradley S. Greenberg hat Untersuchungen zusammengestellt, die sich mit der Verbreitung sexueller Themen in den normalen Massenmedien befassen.[120] Schon 1984 wurde durch eine Untersuchung von Videos von MTV und anderen Fernsehsendern in den USA herausgefunden, dass 60% aller Musikvideos sexuelle Inhalte hatten.[121] 1993 wurde die Häufigkeit von Sex in Serien mit Seifenopern (z. B. ›Dallas‹) untersucht, und zwar diejenigen, die am häufigsten von Schülern gesehen werden. Pro Stunde sind 3,67 sexuelle Handlungen zu sehen, von denen zwei Drittel einen Beischlaf zeigen (also 2,29 pro Stunde), wobei die Beteiligten zweimal so oft unverheiratet sind wie verheiratet.[122] Eine Untersuchung der politischen Magazine wie ›Time Magazine‹, ›Life‹ und ›Newsweek‹ von 1950 bis 1980 zeigte, dass es 1950 17 sexuelle Hinweise und Abbildungen auf 100 Seiten, 1980 dagegen schon 88 auf 100 Seiten,[123] also fast auf jeder Seite eine, gab. Sex und Gewalt im ›normalen‹ Kinofilm steigern die Bereitschaft und den Wunsch, Gewalt gegen Frauen anzuwenden, und zwar mit oder ohne sexuelle Handlungen.[124]

Rolf Degen hat beispielsweise die zunehmende Zahl der Scheidungen und der Ehebrüche unter anderem auf die Massenmedien zurückgeführt.

»Außerdem werden in den Medien große Begierden geweckt, die die eigene Beziehung in einem trüben Licht erscheinen lassen.«[125]

Pornographie ist heute auch das *Hauptwerkzeug der Aufklärung Jugendlicher* und vermittelt jungen Menschen vor allem durch Jugendmagazine und die Werbung ein völlig falsches Bild von Sexualität: Sexualität muss immer sofort stattfinden, sie klappt immer, ist immer schön und jeder daran Beteiligte ist makellos oder sollte jedenfalls versuchen, mit Hilfe von allerlei Hilfsmitteln dies Ziel zu erreichen.

Detlef Drewes[126] verweist als Beispiel darauf, dass die Zeitschriften der FKK-Bewegungen überwiegend nackte Kinder zeigen. Sie sind zwar eigentlich Kinderpornographie und werden oft nur deswegen gekauft, erfüllen aber nicht den Tatbestand der gesetzlichen Kinderpornographie, weil dafür eindeutig sexuelle Handlungen mit Kindern gezeigt werden müssen. Dies ist m. E. eine konsequente Fortsetzung der verheerenden Auffassung, Erwachsenenpornographie setze die Abbildung sexueller Aufforderungen oder Handlungen an Kindern voraus. Ähnlich berichten es Fachleute der Polizei: Pädophile lesen mit Vorliebe FKK-Kataloge und Zeitschriften wie ›Bravo‹ – ein nennenswerter Prozentsatz der Bravokunden sind Erwachsene, die sich nur für die Nacktfotos interessieren.[127]

13. Pornographie und Werbung

Der Psychologe Herbert Selg warnt zu Recht davor, dass schon die normale erotisierte Werbung – und nicht erst die harte Pornographie – verheerende Konsequenzen hat:

»Diese Form der Werbung halte ich aus zweierlei Gründen für gravierend:

– Sie macht Frauen zu Objekten, sie identifiziert Frauen häufig mit der Ware selbst, die so genannte Blickfangwerbung suggeriert, mit der Ware sei auch die Frau zu haben bzw. die Frau sei eine Ware. Zwischen Frau und Ware ist kein Unterschied mehr. ›In unserem Verkaufs-Center können Sie in Ruhe alles anschauen, anfassen und sich beraten lassen‹ lautet der Text in dem schon erwähnten Autozubehör-Katalog. Er steht neben einem Sportwagen, der hinter vier Frauen fast verschwindet, die in Pose und Kleidung wie Prostituierte wirken.

Diese Gleichsetzung von Frau und Ware – nicht nur die Waren sind zum Anfassen, auch offensichtlich die abgebildeten Frauen – ist mehr als nur störend. Es geht nicht um Prüderie oder übertriebene Schamschranken, nicht um körperliche Verklemmtheiten, wenn diese Form der Werbung angeprangert wird; es geht darum, dass mit dem Produkt, für das die weibliche Sexualität und der weibliche Körper eingesetzt wird, auch die Frau und ihre Sexualität selbst zur Ware und käuflich werden, und das halte ich für das Verletzende. Die Würde der Frauen wird auf diese Weise verletzt.

– Der zweite, nicht gerade unwesentliche Punkt ist die Tatsache, dass Werbung in Printmedien üblicherweise allen Leserschichten zugänglich ist, im Gegensatz zu pornographischen Schriften.«[128]

Auch Günter Amendt schreibt treffend zur Werbung:

»Denn bereits hier, in der Alltagspornographie der Werbung – von ›Oil of Olaz‹ bis ›Lenor‹ wie auch in der Titelblattgestaltung von Zeitschriften und Illustrierten – stellt sich die Gewaltfrage.«[129]

(Aber typisch ist, dass Günter Amendt trotzdem gegen jede Zensur ist, da der Pornographievorwurf »fast immer ein Totschlagargument ist«, »eine Waffe der politischen Zensur«. Wie aber soll der Gewalt gegen Frauen begegnet werden, wenn man nichts, aber auch gar nichts verbieten darf? Durch gutes Zureden?)

14. Pornographie und Kunst

Auch Künstler sind oft sehr von Frauenverachtung bestimmt.[130] Renate Berger verweist auf Künstler, von denen Vergewaltigungen bekannt sind, auf das Ausnut-
zen von abhängigen Frauen, z. B. der immer zur Verfügung stehen müssenden Modelle, und auf die Teilha-
be an der Prostitution, die zudem oft die Quelle der
Inspiration für Bilder war.[131] Sie verweist auch auf die
Häufung von Fetischen, zerstückelten, gefolterten und
denaturierten Frauen, Frauen als Tischträger und Be-
standteilen von Möbelstücken usw.[132] Renate Berger
fügt die berechtigte Warnung hinzu:

»Geschichte und Gegenwart lehren, dass der Vernichtung von Menschen ihre Entwertung voraus-
geht.«[133]

Der Jurist Friedrich-Christian Schroeder kritisiert
deswegen zu Recht, dass bei angeblicher Gesamtbe-
trachtung und Einbettung in ein Gesamtwerk pornographische Passagen – hier geht es vor allem um Texte,
aber dieselbe Rechtslage findet sich bei Abbildungen –
nicht als solche gewertet werden.[134] Allerdings gibt es
auch Gerichtsurteile höchster deutscher Gerichte, dass
Kunst auch verbotene Pornographie sein kann.[135]

15. Zu guter Letzt

Ein Erlebnis zu guter Letzt: Ein Mann war gerade damit beschäftigt, eine übergroße pornographische Werbung neben unserem Haus mit schwarzem Lack zu übersprühen. Von weitem hörte ich schon, wie eine Gruppe von männlichen Altersgenossen spottete, anzügliche Bemerkungen machte, ja erbost war. Doch gerade als sie bei dem Mann angekommen waren, meldete sich die einzige Frau unter ihnen zu Wort. Sie fand seine Aktion großartig, wünschte sich mehr solche Leute mit Mut und bedankte sich für diesen Beitrag zum Schutz der Rechte der Frauen. Von ihrer eben noch so lauten männlichen Begleitung war nichts mehr zu hören ...

Täglich werden Tausende von Bürgern gezwungen, Dinge zu sehen, die sie nicht sehen wollen. Diese Bürger sollten sich endlich wehren! Richard E. McLawhorn hat zu Recht darauf hingewiesen, dass wir schließlich auch lautstark gegen Dinge protestieren dürfen, die das Gesetz derzeit nicht verbietet![136] Unsere Welt ist voll von Protesten gegen Erlaubtes. Warum sollten sich dann gerade Pornographiegegner vornehm zurückhalten? Jeder Bürger hat das Recht, seine Meinung zum Ausdruck zu bringen, auch die gegen Pornographie! Es gibt viele, die Pornographiegegner gerne davon abhalten möchten, überhaupt noch ihre Meinung kundzutun, und sie einfach lächerlich machen möchten. Das ist aber weder demokratisch, noch hat es etwas mit einer sachlichen Auseinandersetzung über die vielen vorliegenden Untersuchungen zu tun.

Pornographie ist ein Angriff auf die Würde des Menschen und ebenso ein Wegbereiter für Verbrechen wie Rassenwahn. Wir glauben, dass rassistische Aufrufe zu rassistischen Handlungen führen und verbieten sie deswegen. Warum soll das aber bei Pornographie anders sein? Naziliteratur führt zu Nazihandlungen, Vergewaltigungsdarstellungen zu Vergewaltigungen, ja die Ideologie der Pornographie ist sexueller Faschismus. Warum darf man das aber nicht laut sagen?[137] Wir wollen deswegen am Ende die Ermahnungen des Juristen Gerhard Merkl beherzigen.

»Wir werden die Missstände allein mit rechtlichen Mitteln nicht beseitigen können, so wichtig sie sind. Notwendig ist auch – oder besser gesagt vor allem – eine Veränderung des gesellschaftlichen Bewusstseins. Dabei geht es nicht darum, zu Moralvorstellungen der Jahrhundertwende zurückzukehren oder Menschen wegen ihrer sexuellen Orientierung strafrechtlich zu verfolgen. Es geht vielmehr um ein neues Bewusstsein für die Würde des Menschen. Pornographie, so wie sie uns heute überall entgegentritt, ist ein massiver Anschlag auf die Menschenwürde, auf die Würde insbesondere von Frauen und Kindern.«[138]

16. Einige praktische Tipps

Pornographie ist öffentlich und muss öffentlich bekämpft werden. Hier einige Tipps, die wenig Mühe bereiten, aber die Thematik ins Gespräch bringen und, von vielen befolgt, eine große Wirkung haben können.

- Schreiben Sie Ihren Abgeordneten in Stadt, Land und Bund und senden Sie ihnen sachliche Informationen gegen Pornographie.
- Frauen sollten offen mit ihren Männern darüber reden, wie sehr sie Pornographie verabscheuen, wenn ihre Männer entsprechende Magazine lesen, Sendungen sehen oder auch nur entsprechende Bilder in den Massenblättern herumliegen lassen und anstarren. Bringen Sie zum Ausdruck, dass das Interesse Ihres Mannes für Pornographie Sie empfindlich verletzt.
- Besorgen Sie für ihre Kinder gute christliche Jugendzeitschriften und ansprechende Jugendliteratur. Überlassen Sie die Auswahl des Lesestoffes nicht Ihren Kindern, sondern zeigen Sie Initiative.
- Schalten Sie den Fernseher und das Videogerät bei Nacktdarstellungen grundsätzlich erst einmal aus und denken Sie nicht, das wird ja nicht lange gehen.
- Protestieren Sie immer, wenn Sie einkaufen und dabei pornographische Abbildungen sehen müssen. Wenn Sie Kinder dabei haben, verweisen immer auf den gesetzlichen Kinder- und Jugendschutz.

- Protestieren Sie in Läden beim Geschäftsführer oder der Geschäftsführerin, wenn dort Plakate/Werbung mit Nacktdarstellungen hängen oder die Zeitschriften mit Nacktdarstellungen zu offen präsentiert werden.
- Drehen Sie Zeitschriften mit Nacktdarstellungen, die an Kassen ausliegen, kurzerhand um. Sagen Sie den Kassierenden, falls diese protestieren, dass Sie keine Nacktdarstellungen aufgezwungen bekommen wollen und dass sie die Zeitschrift ja wieder herumdrehen können, sobald Sie aus dem Geschäft draußen seien.
- Wenn Sie Abonnent einer Zeitung oder Zeitschrift sind, sollten Sie grundsätzlich gegen Nacktdarstellungen protestieren, sei es durch einen Leserbrief oder einen Brief an die Redaktion und die Werbeabteilung. Nur so registriert man, dass es Leser gibt, die solche Darstellungen verabscheuen, und dass die Zeitschrift durch Nacktdarstellungen Leser verlieren kann. Teilen Sie bei Verwendung von Nacktdarstellungen in der Werbung mit, dass diese Art der Werbung bei Ihnen das Gegenteil bewirkt.
- Wehren Sie sich mit allen Mitteln gegen Nacktdarstellungen am Arbeitsplatz. Bemühen Sie als Frau dazu Frauenbeauftragte, Geschäftsleitung, Gewerkschaft und andere, um Ihr Recht als Frau einzuklagen.
- Überkleben, übermalen oder entfernen Sie *wild plakatierte* Werbeplakate in Ihrem Wohnbereich oder dort, wo Ihre Kinder vorbei gehen. Erstatten Sie bei wildem Plakatieren Anzeige gegen den angegebenen Veranstalter oder die werbende Firma.

Es ist Ihr gutes Recht, in diesem Land Ihren Protest zu artikulieren. In unserem Land darf rechtlich jeder gegen alles protestieren, auch wenn er oft genug von Presse und Mob mundtot gemacht wird. Warum sollen ausgerechnet Pornographiegegner plötzlich ausführliche Begründungen abliefern, sich wegen Bevormundung anderer rechtfertigen oder sich der Mehrheit fügen? Seien Sie doch einfach dagegen: Ich will das eben nicht sehen und viele andere auch nicht. Basta!

III. Zwischenrufe

Christa Meves

1. Aufbruch zu neuen Ufern?

Kurz bevor die CDU/FDP-Regierung bei der Bundestagswahl im September 1998 ihre Mehrheit verlor, versuchte sie in später Stunde – aufgeschreckt durch die Kindermorde und die Zunahme des sexuellen Kindesmissbrauchs – mit einer Anhörung der Kinderschutz-Kommission im Kanzleramt zu reagieren. Aber wer zu spät kommt, den bestraft das Leben. Darüber hinaus zeigte der Verlauf dieser Sitzung, dass es auch hier nicht hinreichend möglich war, Ideologie durch Sachverstand zu ersetzen. Dadurch, dass man die jahrzehntelang dominante Parole »Helfen statt Strafen« durch die Neuerung »Helfen *und* Strafen« ersetzt, kann jedenfalls nur oberflächlich gebessert werden.

Eindrucksvoll blieb vor allem, dass der Schwerpunkt in der Frage nach der Verursachung des Boomens von sexuellen Delikten an Kindern in der schlichten feministischen Devise stecken blieb, dass Männer eben von der Intention bestimmt würden, Macht über das weibliche Geschlecht auszuüben. Ihr Bedürfnis nach Dominanz versuche sich durch Gewalt über Frauen und Kinder zu verwirklichen. Vor allem der Erziehung der Jungen zum Pascha müsse deshalb nachdrücklich begegnet werden.

Die alte starre Rollenfixierungs-Theorie wurde so nach feministischer Manier in den Mittelpunkt der scheinbar ursächlichen Faktoren gestellt. Dieser Akzent in der Kommission zeugt von einer (im Grunde mehr als veralteten) ideologischen Stoßrichtung, die es eher verhindert als fördert, dass die Wahrheit erkannt und wirkungsvolle vorbeugende Maßnahmen darauf aufgebaut werden.

Die stärkere Aggressivität im Sexualverhalten der Männer ist schließlich nicht das Ergebnis eines einseitigen Patriarchalismus in der Gesellschaft, sondern sie ist bereits hormonell bedingt, wie überhaupt die Schubkraft der männlichen Sexualität im Allgemeinen wesentlich stärker ist als die der Frau. Es handelt sich hier um einen Unterschied im Grundwesen der Geschlechter, die weitgehend durch das männliche Geschlechtshormon Testosteron und das weibliche Geschlechtshormon Östrogen bestimmt werden. Das Östrogen hat sich als ein ausgesprochener Aggressionshemmer erwiesen, der mit dazu beiträgt, dass die Frauen (ohne allen Verdienst) im Allgemeinen (zumindest solange in jungen Jahren das Östrogen dominiert) natürlicherweise das sanftere Geschlecht sind.

Dass infolgedessen besonders der männliche Geschlechtstrieb einer sehr sorgfältigen Bändigung bedarf, hat deshalb zum Urwissen aller jener Gesellschaften gehört, die bisher in der Geschichte zu Kulturvölkern avancierten. Vernachlässigten sie dieses Urwissen, gingen sie über kurz oder lang wieder unter.

Es kam in dieser Anhörung mit keinem Wort auf den Tisch, dass in unserer Gesellschaft seit 30 Jahren eine Enttabuisierung der Sexualität stattgefunden hat, die diese tausend- und abertausendjährige Erfahrung glaubte vom Tisch wischen zu dürfen. Die Abschaffung des Verbots der Pornographie, die systematisch betriebene Sexualisierung der Kinder vom Kindergartenalter ab, über den ideologisch die Schamgrenzen überschreitenden Sexualkundeunterricht in den Schulen, die 40-jährige Verführungsarbeit durch die Sex-Ecke der Jugendzeitschrift BRAVO und der so genannten ProFamilia-Institution, die Mithilfe der Regierung durch die Aufklärungsschriften der Bundeszentrale für gesundheitliche Aufklärung, die Nachmittagssendungen zwischen *sex and crime* im TV, die Überschwemmung des Marktes mit Pornovideos – dieses sind die verursachenden Faktoren der sexuellen Auswüchse! Durch sie wurde und wird Übersexualisierung und besonders bei einer erheblichen Zahl von Jungen und Männern die sexuelle Fehlentwicklung eingeleitet.

Unsere Gesellschaft missachtete auf dem Boden ideologischer Verführung die wesentlichen Voraussetzungen für den Umgang mit dem Urtrieb Sexualität. Er beruht auf weitgehend vorgegebenen Triebgesetzen mit relativ starren Entwicklungsbedingungen. Missachtet man sie, so führt das zu typischen krankhaften Abweichungen mit starren Fehlverhaltensweisen, die sich selten noch als revidierbar erweisen, wenn sie erst einmal manifest geworden sind. Das setzt voraus, dass auf diesem Sektor ganz besonders mit wissender Sorgfalt kindgerecht und phasenspezifisch erzogen werden muss. Die Sexualität darf dabei nicht (und auch später nicht!) aus ihrem urtümlichen Zusammenhang gerissen und zu einer Sache an sich gemacht werden. Solange der Irrweg einer so genannten »emanzipatorischen Pädagogik der neuen Linken« ab 1968 nicht als eine existenzbedrohliche Weichenstellung erkannt und benannt wird, können die durch die Kommission anberaumten Aktivitäten nichts weiter sein als weitere unwirksame Belastungen des Staatssäckels durch Fehlverwendung der Gelder vom Steuerzahler. Auch die in der Runde berechtigterweise ausführlich erfolgte Medienschelte kann gewiss nur greifen, wenn die Aufhebung desjenigen Teils des Pornographieparagraphen, der 1976 abgeschafft wurde, rückgängig gemacht wird.

Es ist nicht damit getan, wie es auf der Konferenz im Kanzleramt geschah, die Männer unwidersprochen zu machtbesessenen Paschas zu stempeln. Auf den Gesichtern der männlichen Teilnehmer konnte man zwar willige Bereitschaft zum Eingeständnis ihrer ach so anrüchigen, machtanmaßenden Seele ablesen – und dennoch kann auf einer so ideologischen Stoßrichtung keine Gesundung von der vielen Sexualsucht in der Bevölkerung präventiv vorbereitet werden. Hier brauchen wir andere Einsichten: a) in die Grundgegebenheiten der naturgesetzlichen Vorgänge in der menschlichen Sexualität und b) ein Lernen an den traditionellen Moralvorstellungen, die dem Ausufern der Urlebenskräfte Deiche in Form von eingrenzenden Gepflogenheiten entgegensetzten.

Wirksamer Kinderschutz setzt voraus, dass in diesem Bereich ein waches, wissendes Verantwortungsbewusstsein vorhanden ist. Schon der große englische Philosoph C. S. Lewis hat uns ins Stammbuch geschrieben: »Die Methoden, den Geschlechtstrieb des Mannes zu neuem Verderben zu verwenden, sind nicht nur sehr erfolgreich (für den Teufel!), sondern auch höchst amüsant, und das dadurch bewirkte Elend ist von sehr dauerhafter und auserlesener Art.«

Alle Zeit, alle Bemühung, alles Geld wird verge- bens investiert sein, wenn wir nicht endlich den Mut haben, den 30-jährigen Irrweg auch als Irrweg zu kennzeichnen, ihn mit entschiedenen Maßnahmen von Grund auf aus unserem Pelz zu filzen und eine sorgsa- me, verantwortungsbewusste Erziehung zum wirkli- chen Schutz vor Fehlentwicklungen unserer Kinder zu erreichen.

2. Erziehung wohin?

Ein Überblick über die Entwicklung der Trends in der Erziehung von Kindern und Jugendlichen in den 50 Jahren seit der Konstituierung der Bundesrepublik lässt vielfältige Strömungen, Schwankungen und Wandlungen, ja ein erstaunliches Auf und Ab sichtbar werden. Sie sollen hier kurz gefasst dargestellt werden.

Die Pädagogik der Nachkriegszeit war – vor allem auf den Universitäten – von der Bemühung bestimmt, die zerrissenen Fäden zur Reformpädagogik der 20er Jahre wieder anzuknüpfen. Alles, was in der Hitler-Ära aus den Bibliotheken eliminiert worden war, besonders die Publikationen jüdischer Autoren – wie z. B. William Stern, Erich Fromm und Anna Freud – erhielten vorrangige Prioritäten. Die von der Beobachtungsschärfe der Psychoanalyse positiv beeinflusste Pädagogik der 20er Jahre fand neuen Zugang bei den Studierenden der 50er Jahre. Der Entfaltung der Kinderseele Raum zu geben, ihre Entwicklung behutsam zu begleiten, auch die (von Hitler verbotene) Sexualerziehung durch phasenspezifische Aufklärung in gesunde Bahnen zu lenken, erfüllte das pädagogische Klima.

Trotz dieser bereichernden Aspekte blieb die Erziehung in Elternhaus und Schule weitgehend von traditionellen Mustern bestimmt. Zwar herrschte in den Familien meistens noch Notstand und Armut vor, zwar gab es bei den Kriegerwitwen ein hohes Potenzial von allein erziehenden Müttern – häufig von aktiv die Enkel miterziehenden Großmüttern unterstützt –, dennoch hatte sich die Familie im Inferno des Zusammenbruchs als ein mächtiger Rückhalt erwiesen. Auch bei den Familien, bei denen die Väter und Großväter fehlten, waren sie als oft geradezu verklärte Vorbilder dennoch vorhanden. Ihr Geist liebevoller Autorität bestimmte oft ausgesprochen betont die Erziehungsform. »Wie würde Vater sich freuen ... wie würde Vater das traurig machen ...«, waren Ausrichtungen, an denen den Kindern orientierende Maßstäbe von Witwen-Müttern und Großmüttern gesetzt wurden.

Außerdem fand in den Hungerjahren der Nachkriegszeit eine Intensivierung des christlichen Glaubens statt. Entschiedene Christen erholten sich von der Verfolgung im Hitlerregime. Die Märtyrer des Dritten Reiches wurden zu Vorbildern, von Pater Rupert Mayer, Pater Maximilian Kolbe, Edith Stein bis zu Dietrich Bonhoeffer. Christlicher Geist kehrte in den Religionsunterricht zurück. Die Kinder wurden wieder mit biblischen Geschichten, dem Evangelium und den Zehn Geboten als orientierende Markierungen ihres Lebens vertraut gemacht – ein erstaunlich positiver Aufbruch, der mit dem frommen Konrad Adenauer als Bundeskanzler eine positive Entsprechung erfuhr.

Mit dem »Wirtschaftswunder« der 60er Jahre begann sich dieser Geist in der Pädagogik zunehmend mehr zu verwässern. Egozentrisches Tanzen um das Goldene Kalb, hektisches Streben nach immer mehr Wohlstand begann, die fruchtbaren Tendenzen zu verdunkeln. Immer mehr junge Mütter begannen ohne Not, schon in der Säuglingszeit ihrer Kinder wieder außer Haus berufstätig zu werden. Starke antikapitalistische Tendenzen kamen auf durch gezielt eingeschleuste marxistische Agenten des KGB und durch IMs, von der Stasi aus der ehemaligen DDR in die Bundesrepublik herübergeschickt. Die so genannte Frankfurter Schule mit den Hochschullehrern Horkheimer, Marcuse, Habermas und Adorno untermauerten die marxistisch-liberale Strömung.

Dieser marxistische Feldzug unterwanderte systematisch die Geisteswissenschaften der Universitäten und fand bei christlich unzureichend gefestigten Jugendlichen, besonders im Norden, ein Potential an mitläuferischen Sympathisanten. Die Universitäten Berlin, Göttingen, Hamburg und Kiel hallten bald besonders in den pädagogischen, psychologischen und philosophischen Fakultäten wider von Krawallen gegen die traditionell auf Autorität und Hierarchie aufgebaute Struktur der Universität. Es galt, den »Muff von tausend Jahren unter den Talaren« – so hieß es – zu entthronen. Die »andere Republik« (d.h. der gewaltsame Umsturz der bestehenden Gesellschaftsordnung) mit Hilfe des »Marsches durch die Institutionen« wurde als Klassenziel ab 1969 lautstark propagiert. Der Terrorismus mit der RAF als Speerspitze konstituierte sich. Mit »klammheimlicher Freude« wurde die Ermordung von Symbolfiguren der Wirtschaft von manchen Studierenden an den Universitäten gefeiert.

Die SPD/FPD-Regierung mit Willi Brandt und Helmut Schmidt ließ diese Entwicklung gewähren. Sie schritt lediglich bei eklatanten Rechtsbrüchen ein. In der Ära von Hans-Dietrich Genscher als Innenminister wurden die Abschaffung der den Kernbereich des

Bürgertums schützenden Gesetze vorbereitet. Der Marsch durch die Institutionen fand ungehindert statt. Weder die Kirche noch die Geisteswissenschaften setzten sich dafür ein, die Grundpfeiler des christlichen Abendlandes abzustützen. Sie sanken unter dem Anhauch des neuen Religionsersatzes dahin; das »Arbeiterparadies der Zukunft« durch Zerschlagen der »verkrusteten Strukturen« und der Angleichung aller an alle zu erreichen, erschien den maßgeblichen Instanzen als fortschrittlich und erstrebenswert.

Ja, das Bildungsbürgertum erkannte oft keineswegs, dass der neue Angriff nicht eigentlich dem Kapitalismus, sondern der Zerstörung des traditionell verankerten Christentums galt. Die Kernzelle eines jeglichen gedeihlichen Staatswesens, Ehe und Familie, wurde durch Scheidungserleichterung, Entmutterung und zunehmender Kollektivierung der Kinder entkräftet. Eine Ideologisierung der Sexualerziehung führte zu Auswüchsen durch eine Verfrühung und Übertreibung des Sexualkundeunterrichts in der Schule – besonders, nachdem 1975 das Verbot der einfachen Pornographie aus dem Bürgerlichen Gesetzbuch (BGB) gestrichen worden war.

Am Ende der 70er Jahre war die Zersetzung weitgehend gelungen. Per Schulbuch, vom Kultusministerium abgesegnet, wurden die Kinder sogar in der Schule einer »Erziehung zum Ungehorsam« unterworfen und durch »Konfliktpädagogik« und »Befreiung zur Sexualität« aus ihren Familien »herausgebrochen«, nach dem Schulbuchmotto aus Hannover: »Wenn die Eltern um die Ecke glotzen, musst du ihnen in die Fresse rotzen.« Einhellig wurde diese Fehlerziehung durch anderthalb Jahrzehnte durch die Medien, besonders durch das Fernsehen, vehement unterstützt, so dass die Folgen in Form von Desorientierung, steigender Kriminalität und Anfälligkeit für Süchte aller Art in der jungen Generation sichtbar wurden.

Nach dem Regierungswechsel 1982 versprach die CDU den allmählich besorgt werdenden Bürgern eine »geistig-moralische Wende« – ohne allerdings hier nach ihrem Wahlsieg von 1984 mit Nachdruck einen Schwerpunkt zu setzen. Die Größe der existenziellen Gefahr wurde auch von der CDU/FDP-Regierung nicht hinreichend erkannt, bzw. es ließ sich gegen die bereits blind gewordenen Institutionen ein hinreichender Widerstand nicht mehr durchsetzen. Die Schule gab mehr oder weniger weitgehend sittliche Bildung und Orientierung der Kinder auf dem Boden des christlichen Wertekanons auf und entartete zu einer Art Selbstbedienungsladen der Beliebigkeit. Rücksicht, Disziplinierung und Achtung vor der älteren Generation verloren sich infolgedessen bei den Jugendlichen. Bildung und sittliche Erziehung blieben eine Sache der Familien allein. Diese konnte allerdings auf die Dauer den destruktiven Strömungen selten gewachsen sein.

Noch einmal stand eine riesengroße Chance im Raum, als unversehens 1989 der Koloss des »Arbeiterparadieses« zusammenbrach, so dass dadurch sichtbar wurde, dass das marxistische Konzept nicht Paradies der durch Diktatur Gleichgemachten, sondern Ruin der Menschen und der Staaten bewirkt hatte. Aber die CDU-Regierung des Westens erwies sich als nicht klarsichtig genug, ihre Stunde zu nutzen – war doch unter der noch properen Fassade die innere Zerstörung offenbar bereits zu weit fortgeschritten: 4 Millionen dadurch meist arbeitslos werdende Depressive, 4 Millionen Alkoholiker, 170 000 Scheidungswaisen pro Jahr, Massenabtreibung und Geburtenschwund, Sexualisierung vom Jugendalter ab und damit Sexualsucht, Perversionen und Kindsmissbrauch durch ein die Kinder bombardierendes Programm zur »Einübung in die Sexualität« – das alles beherrschte weiterhin die Szenen.

Das Massenphänomen des Niedergangs durch eine fundamentale 30-jährige Schwächung der jeweiligen jungen Generation wurde auf diese Weise sichtbar. Die auf den Universitäten links-liberal eingeschworenen Pädagogen, Theologen, Soziologen und Journalisten boten den Jugendlichen weder in der Schule noch in der Kirche und den Medien Schutz gegen die Indoktrination mit enthemmenden Parolen und Pseudovorbildern. Versteckt zwar, aber dennoch mächtig dominierte in den Schulstuben und in der Öffentlichkeit weiterhin marxistische Ideologie. Breitflächig wurde die Jugend ungehindert an ihre Zerstörung ausgeliefert; Ecstasy, dämonische Musik, Esoterik und Satanismus taten ein Übriges.

Dennoch ist es erst der dritte Teil der jungen Generation, der verloren ist; denn trotz des durch 30 Jahre ungebremst vollzogenen Feldzuges der Zerstörung gibt es hierzulande ein Potential an meist fest am Christentum orientierten Familien, die still, sehr bewusst und opferbereit ihre Kinder zu schützen suchen, indem sie sich zu Glaubensgruppierungen zusammenschließen oder aber wenigstens noch an den bestehenden alten Säulen festhalten. Von dieser kleinen, meist an der Ehe auf Lebenszeit festhaltenden Schar, von dieser sich daraus rekrutierenden, sich dem Zeitgeist widersetzenden Jugend geht die Hoffnung aus, dass sich eine junge Generation konstituiert, die das Ausmaß der Gefahr ins Bewusstsein nimmt und sich kämpferisch wie ein David einzusetzen beginnt gegen den Goliat des so übermächtigen, auf Vernichtung des christlichen Abendlandes sinnenden Geistes.

3. Ein neues Skandalon

»Bundesweit«, so hieß es in der ›Welt am Sonntag‹ vom 7. März 1999, plane die Hamburger Schul- und Gleichstellungsbehörde ein neues Projekt für Sexualerziehung. Kinder im ersten und zweiten Schuljahr sollen sich mit »hetero- und homoerotischen Spielen« befassen, und in den Klassen sieben bis zehn solle das Thema gleichgeschlechtlicher Beziehungen weiter vertieft werden, mit dem Ziel, »Homosexualität als gleichwertige sexuelle Orientierung zu vermitteln«.

Wörtlich heißt es in einem Planungspapier, das auf der Koalitionsvereinbarung zwischen SPD, GAL und Hamburger Schulbehörde in Bezug auf die Richtlinien für die Sexualerziehung beruht: »Unterstützung brauchen die Heranwachsenden in der Phase des Coming-Out, also in der Phase, in der sie sich über ihre gleichgeschlechtliche sexuelle Orientierung klar werden.«

Man sollte diese »Offensive«, von der der Berichterstatter Wolfgang Ehemann in dem Artikel hier spricht, nicht als einen absurden singulären Vorschlag abtun. Er entspricht den Intentionen zur Frühsexualisierung und Homosexualisierung, wie sie in den Programmen der 68er und Grünen seit 30 Jahren enthalten sind – eine Ideologie, mit der vor allem bereits in den 70er Jahren hinreichende Erfahrungen gemacht worden sind.

Es ist auch kein Zufall, dass diese Bestrebungen jetzt erneut über die Sexualerziehung in den Schulen vorangetrieben werden sollen, ließ doch Joschka Fischer auf dem Parteitag der Grünen im Frühjahr 1999 die Katze aus dem Sack, indem er sinngemäß skandierte: »Wir sind die 68er, jetzt sind wir an der Macht und wollen unsere Ziele endlich verwirklichen!«

In Bezug auf die Sexualerziehung heißt das: Erziehung zu »polymorph-perversen Sexualpraktiken« von Kindesbeinen an.

Das aber ist ein Skandalon, das dringend des geschlossenen Widerstands aller Instanzen bedarf, die für die seelische Gesundheit der kommenden Generation verantwortlich sind bzw. als Staatsbürger sich mit für sie verantwortlich fühlen. Es ist ein Skandalon aus vielfältigen Gründen:

a) Es ist in einem Rechtsstaat unzulässig, dass eine Behörde, die Eltern per Gesetz veranlasst, ihre Kinder einer Schulpflicht auszusetzen, sie im Schulunterricht einer einseitigen ideologischen Manipulation unterwirft.

b) Eine solche Manipulation ist umso verwerflicher, je mehr sie die seelische, geistige und körperliche Gesundheit der Kinder in Frage stellt, indem lebenslängliche fehlprägende, unglücklich machende Weichen eingebahnt werden.

c) Diese Manipulation bedarf des Widerstandes, da hinreichendes Erfahrungsmaterial darüber vorliegt, dass durch entsprechende Fehlinformationen und -praktiken bereits in der Kindergeneration der 70er Jahre umfängliche Beschädigungen zutage getreten sind.

Es gehört zum Grundwissen der Tiefenpsychologie, dass Kinder sich in den ersten Grundschuljahren

97

in der sensiblen Phase für sexuelle Objektprägung befinden. Besonders in dieser Zeit sind die Kinder anfällig für Fehlprägungen, Fehlidentifikationen und für eine isoliert abgespaltene, zu frühe Anreizung des Geschlechtstriebes.

Das Boomen der Sexualsüchte, der Perversionen (besonders des sexuellen Kindsmissbrauchs, der Kindermorde, der Pädophilie und der Päderastie) vor allem in der Generation, die in den 70er Jahren Kinder waren, sind ein erschreckender Beweis, wie sehr dieses ideologische Klima der 70er Jahre ihnen geschadet hat.

Darüber hinaus ist die Zahl der an der unheilbaren Hepatitis C Erkrankten und der mit der tödlichen Geschlechtskrankheit AIDS Infizierten vor allem unter den aktiven homosexuellen Männern besonders hoch.

Es ist deshalb eine gefährliche Fehlinformation, Jugendliche mit der unbewiesenen Behauptung zu konfrontieren, Homosexualität sei eine »normale, angeborene Spielart menschlicher Sexualität«. Viele Jugendliche halten sich dann – besonders in der so genannten »homoerotischen Durchgangsphase« der 13- bis 17-Jährigen – nicht selten aufgrund solcher Fehlinformationen für »angeboren schwul«, ohne es wirklich zu sein. (Nun aber sollen sie zum Praktizieren und Outen geradezu verführt werden!)

Eine staatliche Behörde, die wissentlich dazu ansetzt, die ihr pflichtmäßig anvertrauten Kinder so tief greifenden Beschädigungsmöglichkeiten auszusetzen, bedarf der Strafverfolgung.

4. Silberstreifen am Horizont?

Um durch Erfahrung klug zu werden, braucht der Mensch Zeit – beim Einzelnen eine verschieden lange Phase, oft mit Bemühungen zwischen »Versuch und Irrtum« ausgefüllt. Im besten Fall greifen die positiven Schlussfolgerungen aus seinen Erkenntnissen schneller als die ihm unbekömmlichen und geben seiner Entwicklung eine gedeihliche Richtung. In den geschichtlichen Epochen ist das nicht anders. Auch hier muss die Zeit reif werden, um negativ wirkende Trends zu verabschieden und positiven den Vorrang zu geben. Ob das rechtzeitig geschieht, davon hängt es ab, ob die Entwicklung einen gedeihlichen Verlauf nimmt.

Insofern sind wir in unserer Republik in einer bedeutungsschwangeren Situation. Zum Beispiel: In den vergangenen 30 Jahren hat sich die Zahl der Geburten von 2,6 Kindern pro Familie auf 1,3 reduziert. Eingeläutet wurde diese Entwicklung von der feministischen Protagonistin Simone de Beauvoir, der Lebensgefährtin von Jean Paul Sartre. Ihr Terminus »Falle Mutterschaft« wurde seitdem für die moderne emanzipierte Frau zur Standarte: Immer mehr Frauen verzichteten im Verhütungszeitalter auf Kindersegen, ein Abtreibungsboom ohnegleichen setzte seit der Lockerung des Paragraphen 218 ab 1976 ein. Die Alterspyramide zeigt dementsprechend heute nur noch eine schmale Basis und stellt das Rentensystem, ja, die Existenz der Nation für das nächste Jahrhundert in Frage.

Die Schlussfolgerung, dass deswegen der Familien-
politik Höchstrang zuzubilligen sei, konnte jahrzehntelang nicht greifen – zu mächtig wurde der emanzipa-
torische Höhenflug der nach Unabhängigkeit und
Manngleichheit strebenden Frau medienstark unterstützt. Rechtzeitige Vorschläge, den Müttern ein Ge-
halt zu zahlen und ihnen eine Rente zuzubilligen, um
diesen Stand, den Garanten für Zukunft, aus seiner
Verbannung zu befreien (wie sie z. B. mein aus 6000
Personen bestehender Freundeskreis 1984 nach Bonn
schickte), scheiterte am Aufheulen der so genannten
»Fortschrittlichen«. Aber neuerdings kann es bereits
ein Ministerpräsident, Kurt Biedenkopf (CDU), im
Verein mit seinem Familienminister, Hans Geisler, wagen, in der Öffentlichkeit unverblümt dafür zu plädieren. Morgenröte am Horizont? Erkenntnis der noch
unter der Decke gehaltenen Einsicht, dass sich damit
auch ein erheblicher Teil des Arbeitslosenproblems lö-
sen ließe?

Oder ein anderes Beispiel: Da wurde ab 1969 die
Fremdbetreuung der Kinder vom Krippenalter ab als
Patentlösung gegen die »Falle Mutterschaft« instal-
liert, so lange, bis die Kriminalität die innere Sicherheit
gefährlich zu beeinträchtigen begann, nachdem die
Gerichte jahrzehntelang blauäugig im *laissez-faire* des
ideologischen Zeitenstroms mitgeschwommen waren.
Aber seit es der Bevölkerung auch auf diesem Feld im-
mer häufiger an den Kragen geht, wurde plötzlich die
Parole von »law and order« sogar bei den einst den
Trend forsch vorantreibenden Sozialdemokraten ab
1998 wahlzugkräftig aus dem Hut gezaubert – ganz

nach dem Motto: »Was schert mich mein dummes Geschwätz von gestern!« Selbst im Fernsehen wagt sich die Meinung ans Tageslicht, dass für die gedeihliche Entwicklung der Kinder eine intakte Familie mit der Mutter als Hauptbezugsperson nötig sei! Und in einer Sendung, in der die Zuschauer über Strenge oder Nachgiebigkeit gegen jugendliche Straftäter befragt wurden, waren 93% für ein hartes Durchgreifen (obgleich eine grobschlächtige Trendwende dieser Art keineswegs der Weisheit letzter Schluss wäre)!

Eher echte Besserung scheint sich auf dem Sektor Pornographie und Pädophilie abzuzeichnen. Während noch 1980 der »Spiegel« unter der Regie von Erich Böhme in genüsslicher Beihilfe pädophilen Körperkontakt als »Psychotherapie für besonders schwer geschädigte Kinder« laut empfehlen konnte, während durch die Interventionen renommierter Sexualwissenschaftler in den 70er Jahren die Pornographie solange als eine ungefährliche Angelegenheit gepriesen wurde, bis der Damm mit der Abschaffung des Verbots der Pornographie 1976 brach, plädieren heute unter dem Druck der Zunahme von Vergewaltigungen und Kindermorden sogar schon wieder die Feministinnen, die damals für jegliche »Befreiung zur Sexualität« mitkämpften, für eine Wiedereinführung des Verbots der Pornographie. (Einhellig mit dem Verein »Verantwortung für die Familie«, dessen Thesen sie bisher mit harter Bandage bekämpften!) Erinnert man sich gar, wie einst die Postille »Konkret« mit DDR-Hilfe Anarchie beschwor, so ist auch das medienstarke Eingeständnis fundamentaler Irrtümer durch dessen einstigen Chefredakteur Klaus Rainer Röhl Kennzeichen für einen neu aufbrechenden verantwortungsbewussten Realitätssinn.

Ist die Zeit reif zur Umkehr? Auf jeden Fall bedarf es jetzt einer mutigen Politik, um vielleicht gerade noch rechtzeitig das Tor zum Überleben aufzustoßen.

5. Verwirrender Widerstand

Verstört berichtet ein Vater, dass man seine beiden kleinen Töchter vom Kindergarten fort in ein Heim abtransportiert und ihm ein Ermittlungsverfahren wegen des Verdachts, seine Kinder sexuell missbraucht zu haben, ins Haus geschickt habe. Dabei fühle er sich gänzlich unschuldig. In seiner Eigenschaft als Hausmann habe er die Kinder zwar regelmäßig geduscht und auch im Intimbereich berührt, um sie zu säubern und ihnen »bei der Entwicklung von Körpergefühlen« behilflich zu sein; aber: »Das habe ich in meiner Universitätsausbildung als einen pädagogischen Wert zu verstehen gelernt«, verteidigte er sich voll Entsetzen über die Anklage.

In der Tat – die Verwirrung ist komplett. Wie viele Angehörige der jungen Vätergeneration sind von Kindesbeinen an zum »unbefangenen Umgang« mit der Sexualität in der Familie geradezu getrimmt worden! Stattdessen steht nun aber plötzlich ein neues »Rühr mich nicht an!« im Raum: Harmlos-liebevolles Streicheln der eigenen Sprösslinge begegnet plötzlich argwöhnischen Blicken, nicht nur von missgünstigen Ehefrauen jenseits einer Scheidung, sondern womöglich auch von »MissbrauchsjägerInnen« im Kindergarten oder gar von der eigenen Schwiegermutter, der die ganze Verbindung mit diesem Schwiegersohn nie hat passen wollen.

In diesem Klima wird der Umgang von Vätern, Großvätern, Vettern und Onkeln mit den Kindern ihrer Familien durch eine fatale Unsicherheit belastet, und das verwirrt eben doppelt, da man sie in den vergangenen 30 Jahren mit Vehemenz auf »Sinnlichkeit und Zärtlichkeit« eingeschworen hat, so dass sogar ein Ministerpräsident bei seinem Amtsantritt erklärte, seine Aufgaben unter diese Devise stellen zu wollen. Vor 1969 war der Hautkontakt von erwachsenen Männern mit kleinen Kindern nicht üblich gewesen und ihn einzuüben fiel vielen Männern (womöglich auf dem Boden eines gesunden Empfindens?) schwer. Aber wer ab 1969 up to date sein wollte, hatte bereits den Säuglingen zumindest beim Wickeln einen Kuss auf den frisch gesäuberten Po zu drücken.

Manche gingen im Eifer des Gefechts dabei allerdings reichlich weit ... Die so lautstark propagierte »natürliche Nacktheit« in der Familie wurde gelegentlich zu einer Form von Unnatürlichkeit, die manchen Kindern durch die zu frühe Erotisierung nicht bekam. Sexualstörungen der Herangewachsenen waren dann nicht selten die Folge dieser Übertreibungen. Die frühe Sexualisierung – zusätzlich durch Unangemessenes im Sexualkundeunterricht und den pornographischen Trends in den Medien hervorgerufen – hatte sich dann als Falle erwiesen: hinein in die Sexualsucht, in die Homosexualität, in die Pädophilie, ja, gelegentlich sogar ins Sexualverbrechen.

Die Kriminalstatistiken zeigten diese Entwicklung lange nicht an – weil eben als erstrebenswert proklamiert wurde, was letztlich doch Annäherung an gefährliche Grenzüberschreitung war. Warum sollte man etwas vor Gericht bringen, was im Fernsehen, in Pornovideofilmen, in Ausbildungen und Lehrgängen als »normal« dargestellt wurde? Und warum sollten fortschrittliche Staatsanwälte derlei »Kavaliersdelikte« mit der Eröffnung eines Verfahrens belasten? Die Paragraphen 184 (Verbot der Pornographie) und 175 (Verbot homosexuellen Umgangs Erwachsener mit unmündigen Jugendlichen) waren ohnehin aufgeweicht worden.

Der Verlust der Unbefangenheit trat deshalb erst ein, nachdem immer mehr furchtbare Verbrechen an Kindern die Bevölkerung aufgeschreckt hatten. Liberale Leichtigkeit, ja, Leichtsinn, die Lässigkeit im Umgang mit der Pornographie ließ hier die Stimmung umschwenken: in die des Argwohns, der Furcht, ja, in die einer neuen von Angst getönten zurückhaltenden Übervorsicht auf der einen Seite – und eines blinden Eifers von »MissbrauchsjägerInnen« auf der anderen Seite.

Wenn gutes, instinktsicheres Maß erst einmal verloren ist, lassen sich angemessene Umgangsformen nur schwer neu aufbauen; denn dazu wäre eine tief greifende Umkehr zu sittlichen Maßstäben nötig. Bis jetzt ist aber nur ein partieller Durchbruch durch die leichtfertige Liberalisierung der Sexualität geschehen – ohne eine Trendänderung im Fernsehen und der Regenbogenpresse. Dass eine berechtigte Unruhe in der Bevölkerung dennoch ausnahmsweise auf diesem Sektor einmal nicht unter den Teppich gekehrt wurde, lag schließlich auch nicht an den Fakten, sondern viel eher daran, dass es in unserem vereinheitlichten Spektrum der öffentlichen Meinung in feministischer Manier erlaubt ist, Männer generell verbrecherischer Umtriebe gegen Frauen zu verdächtigen.

Eine Rückkehr zu einem Grundkonsens sittlicher Maßstäbe aber zeichnet sich trotz der vielen negativen Erfahrungen bis heute leider weiterhin nicht ab. Eine tief greifende Einsicht in die Zusammenhänge, eine Orientierung gebende Abklärung steht immer noch aus.

Anmerkungen

I. Die Wurzeln der zunehmenden Kinderpornographie

[1] Talk im Turm, SAT 1, am 1.9.1996.

[2] Kentler, Helmut: Sexualerziehung. Rowohlt 1970; Brezinka, Wolfgang: Kampf für die Freiheit zur ungehemmten sexuellen Triebbefriedigung. In: Die Pädagogik der neuen Linken. F. Reinhardt, München, Basel 1972.

[3] Verch, Klaus: Sexualerziehung. Lehrmappe zur Unterrichtung in der Familie. Hrsg. vom dt. Familienverband, 1970.

[4] Schulsexualerziehung. Hrsg. vom Freundeskreis Maria Goretti, 1982.

[5] Meves, Christa: Zur Sexualität befreit – zur Abartigkeit verführt? In: Manipulierte Maßlosigkeit, Herder 1971; 35. Aufl. Christiana Verlag, Stein am Rhein 1996; Dies.: Wunschtraum und Wirklichkeit. Herder 1971; Dies.: Kindgerechte Sexualerziehung. Weißes Kreuz, Kassel 1992.

[6] Meves, Christa: Attacke gegen die Scham. Rheinischer Merkur, 22.4.1994; Neuberth, Ralf: Sex-Splitter. Hrsg. vom BdKJ, Diözesanvorstand, Würzburg 1996; Meves, Christa: Zur Sexualität befreit – zur Abartigkeit verführt! In: Theologisches, 24. Jahrgang, Nr. 3, März 1994; Dies.: Die beiden Sex-Spiele – ein Einbruch in die Jugendarbeit der katholischen Kirche. In: Theologisches, 24. Jahrgang, Nr. 7/ 8, Juli/ August 1994.

7 Na Nu – von Liebe, Sex und Freundschaft. Hrsg. von der Bundeszentrale f. gesundheitliche Aufklärung, Köln 1991; Über den Umgang mit Liebe, Sexualität, Verhütung und Schwangerschaft. Hrsg. von der Bundeszentrale f. gesundheitliche Aufklärung. Köln 1993.

8 Brezinka, Wolfgang: Kampf für die Freiheit zur ungehemmten sexuellen Triebbefriedigung. In: Die Pädagogik der neuen Linken. Ernst-Reinhard-Verlag, München-Basel 1972.

9 Verch, Klaus: Sexualerziehung. Lehrmappe zur Unterrichtung in der Familie. Hrsg. vom Deutschen Familienverband; Rehmann, Margret: Zur Abartigkeit verführt? In: Vorgänge. Zeitschrift für Gesellschaft und Politik. Nr. 5, Jg. 1973. Wels-Verlag, Weinheim; Kentler, Helmut: Sexualerziehung. Rowohlt-Verlag 1970; Comfort, A.: Der aufgeklärte Eros. Szczesny-Verlag, München 1964; Reich, Wilhelm: Sexual Revolution, Orgone Institute Press, New York 1945.

10 Na Nu – von Liebe, Sex und Freundschaft. Hrsg. von der Bundeszentrale für gesundheitliche Aufklärung. Köln, 1993.

11 Über den Umgang mit Liebe. Sexualität, Verhütung und Schwangerschaft. Hrsg. v. d. Bundeszentrale für gesundheitliche Aufklärung. Köln, 1993.

12 Wille, Reinhard und Bachl, Susanne: Die Sexualdelinquenz in der Kriminalstatistik der Nachkriegszeit. 1984.

13 Hellbrügge, Theodor (Hrsg.): Die Entwicklung der kindlichen Sexualität. Urban und Schwarzenbach, München Wien-Baltimore 1982.

14 1992 unter dem gleichen Titel erneut publiziert in der Aufsatzsammlung: Kurswechsel – aus Irrtümern lernen. Freiburg 1992. Und: Wunschtraum und Wirklichkeit – Lernen an Irrwegen und Illusionen. Freiburg, 1972. 13. Aufl. 1984, s. S. 146 ff.

15 Motschmann, Jens und Künneth, Walter (Hrsg.): Das neue Rotbuch Kirche. München 1978.

16 Meves, Christa: Attacke gegen die Scham. Rheinischer Merkur vom 22.4.1994; Neuberth, Ralf: Sex-Splitter. Hrsg. BdKJ Diözesanvorstand Würzburg 1996.

17 Müller, Michael (Hrsg.): Kirche und Sex. Aachen 1994.

18 Meves, Christa: Kindgerechte Sexualerziehung. Weißes Kreuz, Kassel 1992, 2. Aufl. 1995.

19 Meves, Christa: Erziehen und Erzählen. Über Kinder und Märchen. Herder, Freiburg 1982. 4. Aufl. 1988.

20 Weber, Michael: Mit der Aids-Hilfe unterwegs in die polymorph-perverse Gesellschaft oder: Die Umerziehung einer Generation mit öffentlichen Mitteln. 1993.

21 Der Spiegel: Gewaltopfer Kind. S.30 ff in der Nr. 35 vom 26.8.96 (siehe auch S.196).

II. Pornographie –
Entwürdigung des Menschen

[1] Ausgezeichnete Tabellen und Kurzfassungen zu vielen psychologischen und klinischen Untersuchungen finden sich in John S. Iyons, Rachel Anderson, David B. Larson. »A Systemaric Review of the effects of Aggressive and nonaggressive Pornography«. S. 271-310, in: Dolf Zillmann u.a. (Hrsg.). Media, children, and the family. Lawrence Erlbaum Ass.: Hillsdale (NJ), 1994. Die beste Zusammenstellung (fast) aller englischsprachigen Untersuchungen zum Thema Pornographie, Wirkung von Pornographie und Verhältnis von Gewalt und Pornographie finden sich in der Heftserie *Research on Pornography*: The Evidence of Harm der National Coalition against Pornography (800 Compton road, Suite 9224, Cincinati, OH 45231, USA). Hier werden die wichtigsten Ergebnisse von Hunderten von Untersuchungen jeweils in einem Absatz vorgestellt. Ähnliches Material bietet die Natinal Coalition for the Protection of Children and Families (dieselbe Adresse; www.nationalcoalition.org).

[2] So bes. David Alexander Scott. »Pornography and Violent Behavior«. S. 145-161, in: Tom Minnery (Hrsg.). Pornography: A Human Tragedy. Christianity Today & Tyndale House: Wheaton (IL), 1986. S. 146.

[3] So z.B. deutlich William A. Stanmeyer. The Seduction of Society. A. a. O. S. 32.

[4] Ebd. S. 54.
[5] Die wichtigsten staatlichen Untersuchungen sind: Attorney General's Commission on Pornography: Final Report. US Printing Office: Washington D.C., 1986, zusammengefasst in Richard E. McLawhorn. Summary of the Final Report of the Attorney General's Commission on Pornography, July 1986. National Coalition against Pornography: Cicinati (OH), 1986; C. Everett Koop. »The Surgeon General's Report«. S. 323-332, in: Tom Minnery (Hrsg.). Pornography: A Human Tragedy. Christianity Today & Tyndale House: Wheaton (IL), 1986; William L. Marshall. A Report on the Use of Pornography by Sexual Offenders. Prepared for the Federal Department of Justice. Federal Department of Justice: Ottawa (CAN), 1983. Gute Sammelbände sind: Dolf Zillmann u.a. (Hrsg.). Media, Children, and the Family. Lawrence Erlbaum Ass.: Hillsdale (NJ), 1994; Eva Dane, Renate Schmidt (Hrsgg.). Frauen und Männer und Pornographie. Fischer Taschenbuch Verlag: Frankfurt, 1990; Jürgen Becker (Hrsg.). Pornographie ohne Grenzen. Schriftenreihe des Archivs für Urheber-, Film-, Funk- und Theaterrecht 120. Nomos-Verlagsgesellschaft: Baden-Baden, 1994. Daneben sind folgende grundlegende Werke zu nennen: William A. Stanmeyer. The Seduction of Society: Pornography an Ist Impacton American Life. Servant books: Ann Arbor (MI), 1984; Drucilla Cornell. Die Versuchung der Pornographie. Berlin Verlag: Berlin, 1995; Herbert Selg. Pornographie: Psychologische Beiträge zur Wirkungsforschung. Verlag Hans Huber: Bern, 1986; Adolf Gallwitz, Manfred Paulus. Grünkram: Die Kinder-Sex-Mafia in Deutschland. Verlag Deutsche Polizeiliteratur: Hilden, 1997; Detlef Drewes. Kinder im Datennetz: Pornographie und Prostitution in den neuen Medien. Eichborn: Frankfurt, 1995. Interes-

sant sind außerdem: Andreas Rose. Die Wirkung eroti-
schen und pornographischen Bildmaterials auf Junge Erwachsene. Dissertation Bamberg, 1991; Thorsten Deblitz.
Die Strafbarkeit der Werbung für pornographische Schriften. Dissertation Kiel, 1995; Friedrich-Christian Schroeder.
Pornographie, Jugendschutz und Kunstfreiheit. C. F. Müller juristischer Verlag: Heidelberg, 1992.

6 Technical Report of Commission of Obscenity and Pornography. Bd. 7. US Printing Office: Washington D.C., 1986.

7 Attorney General's Commission on Pornography: Final
Report. US Printing Office: Washington D.C., 1986.

8 Z. B. Herbert Selg. Pornographie. A. a. O. S. 63-66.

9 So ebd.

10 So ebd.

11 B. Kutchinsky. »Toward an Explanation of the Decrease in
Registrated Sex crimes in Copenhagen«. Technical Report
of Commission of Obscenity and Pornography. Bd. 7. US
Printing Office: Washington D.C., 1971.

12 Klaus E. Heinig. »Erotische und pornographische Videofil-
me: eine Marktübersicht«. S. 90-93 in: Eva Dane, Renate
Schmidt (Hrsg.). Frauen und Männer und Pornographie.
Fischer Taschenbuchverlag: Frankfurt, 1990. S. 91-92.

13 Reiner Gödtel. Sexualität und Gewalt. Hoffmann und
Campe: Hamburg, 1992. S. 67.

14 Beate Uhse. »Bedarf, Bedürfnis, Befriedigung«. S. 94-102
in: Eva Dane, Renate Schmidt (Hrsg.). Frauen und Männer
und Pornographie.

15 Im Jahr 1993, nach Detlef Drewes. Kinder im Datennetz.
A. a. O. S. 37.

16 Brief der Geschäftsführung an den Verfasser vom
23. 11. 1999.

17 Europäische Gesetzestexte zur Pornographie werden abgedruckt in Gerhard Merkel. »Pornographie ohne Grenzen: Statement«. S. 14-49, in: Jürgen Becker (Hrsg.). Pornographie ohne Grenzen. Schriftenreihe des Archivs für Urheber, Film-, Funk- und Theaterrecht 120. Nomos-Verlagsgesellschaft: Baden-Baden, 1994. S. 40-49.

18 Eine knappe Zusammenstellung dazu findet sich in Perceptual and Dispositional Consequences of Pornography Consumption. Heftserie: Research on Pornography: The Evidence of Harm. National Coalition against Pornograph: Cincinnati, o.J. (ca. 1990). 14 S. und bei William A. Stanmeyer. The Seduction of Society. a. a. O. S. 53-66. Vgl. auch Archibald Hart. Lust oder Last: Wie Mann mit seiner Sexualität glücklich werden kann. Schulte+Gerth: Asslar, 1995. S. 125-146.

19 Herbert Selg. Pornographie. A. a. O. S. 76-77.

20 Er fasst viele seiner Studien selbst allgemein verständlich zusammen in Dolf Zillmann. »Erotica and Family Value«. S. 199-213, in Dolf Zillmann u.a. (Hrsg.). Media, Children, and the Family. Lawrence Erlbaum Ass.: Hillsdale (NJ), 1994. Vgl. zu den Studien Zillmanns Alexander Scott. »How Pornography Changes Attitudes«. S. 115-146, in: Tom Minnery (Hrsg.). Pornography: A Human Tragedy. Christianity Today & Tyndale House: Wheaton (IL), 1986. S. 117-125; weitere Studien von Zillmann und Bryant ebd. S. 143 sowie in Dolf Zillmann u.a. (Hrsg.). Media, Children, and the Family. A. a. O. S. 227-228+213. Ein gutes Beispiel für eine Untersuchung Zillmanns ist Dolf Zillmann, Jennings Bryant. »Pornography, Sexual Callousness, and the Trivilization of Rape«. Journal of Communication 32 (1982) 4: 10-21.

21 Dolf Zillmann. »Erotica and Family Value«. A. a. o. S. 199-213.

22 Ebd. S. 202.

23 Ebd.

24 Ebd. S. 203.

25 Ebd.

26 Karl m. Kirch: Krankheiten von Herz und Kreislauf. Rudolf Müller: Köln-Braunsfeld, 1977. S. 83.

27 Dolf Zillmann, Jennings Bryant. »Pornography, Sexual Callousness, and the Trivilization of Rape«. Journal of Communication 32 (1982) 4: 10-21; vgl. zu den Studien Zillmanns David Alexander Scott: »How Pornography Changes Attitudes«. A. a. O. S. 117-125; weitere Studien von Zillmann und Bryant ebd. S. 143.

28 Dolf Zillmann, Jennings Bryant. »Pornography, Sexual Callousness, and the Trivilization of Rape«. A. a. O. S. 12.

29 Ebd. S. 14-15.

30 S. 16.

31 S. 16-17.

32 Vgl. James C. Dobson. »Enough is Enough«. S. 31-55, in: Tom Minnery (Hrsg.). Pornography: a Human Tragedy. Christianity Today & Tyndale House. Wheaton (IL), 1986. S. 40; »Sexfilme machen süchtig: US-Studie: Wer Pornos sieht, verharmlost bald Vergewaltigungen.« Idea-Spektrum 22/1998: 25.

33 M. Douglas Reed. »Pornography Addiction and Compulsive Sexual Behavior«. S. 249-269 in: Dolf Zillmann u.a. (Hrsg.). Media, Children, and the Family. Lawrence Erlbaum Ass.: Hillsdale (NJ), 1994. S. 249.

34 William A. Stanmeyer. The Seduction of Society. A. a. O. S. 57.

35 Ebd. S. 55-56.

36 Victor B. Cline. »Pornography Effects: Empirical and Clinical Evidence«. S. 229-247 in Dolf Zillmann u. a. (Hrsg.). Media, Children, and the Family. Lawrence Erlbaum Ass.: Hillsdale (NJ), 1994. S. 232-235.

37 Edward Donnerstein, Daniel Linz. »Sexual Violence in the Media: A Warning«. Psychology Today (New York) 1/1984: 14-15, hier S. 14; vgl. auch Archibald Hart. Lust oder Last: Wie Mann mit seiner Sexualität glücklich werden kann. A. a. O. S. 132.

38 »Sexfilme machen süchtig: US-Studie: Wer Pornos sieht, verharmlost bald Vergewaltigungen.« Idea-Spektrum 22/1998: 25.

39 Im Einzelnen dargestellt bei Victor B. Cline. »Pornography Effects: Empirical and Clinical Evidence«. A. a. O. S. 244.

40 Richard E. Mc Lawhorn. Summary of the Final Report of the Attorney General's Commission on Pornography July 1986. A. a. O. S. 8; ebenso ein Mitglied der Kommission: James C. Dobson. »Enough is Enough« A. a. O. S. 39.

41 So Richard E. Mc Lawhorn. Summary of the Final Report of the Attorney General's Commission on Pornography July 1986. A. a. O. S. 8.

42 Ebd. S. 138-139. Die genaueren Angaben zu den im Text genannten Untersuchungen, meist von Psychologieprofessoren, finden sich im Literaturverzeichnis bei Selg.

43 Herbert Selg. Pornographie. A. a. O. S. 39.

44 Ebd. S. 94.

45 Ebd.

46 Richard E. Mc Lawhorn. Summary of the Final Report of the Attorney General's Commission on Pornography July 1986. A. a. O. S. 9.

47 Z.B. Nancy Bowen. »Pornography: Research Review and Implications for Counseling«. Journal of Counseling and Development. 65 (1987): 345-350; vgl. die Diskussion von anderen Untersuchungen bei Herbert Selg. Pornographie. A. a. O. S. 84-90.

48 William A. Stanmeyer. The Seduction of Society. A. a. O. S. 62.

49 C. Everett Koop. »The Surgeon General's Report«. S. 323-332, in: Tom Minnery (Hrsg.). Pornography: A Human Tragedy. Christianity Today & Tyndale House: Wheaton (IL), 1986; vgl. zur Interpretation die Ausführungen des ›Surgeon General‹: C. Everett Koop. »Pornography and Public Health«. S. 105-111, in: ebd.

50 C. Everett Koop. »The Surgeon General's Report« A.a. O. S. 328-329.

51 Jerry R. Kirk. Vorwort in: Richard E. McLawhorn. Summary of the Final Report of the Attorney General's Commission on Pornography July 1986. A. a. O. S. 5.

52 Attorney General's Commission on Pornography: Final Report. US Printing Office: Washington D. C., 1986. S. 324-326 und öfter; so auch ein Mitglied der Kommission: James C. Dobson. »Enough is Enough« a. a. O. S. 39.

53 David Alexander Scott. »How Pornography Changes Attitudes«. a. a. O.

54 Jerry R. Kirk. Vorwort in: Richard E. McLawhorn. Summarry of the Final Report of the Attorney General's Commission on Pornography July 1986. a. a. O. S. 5.

55 Ebd.

56 Vgl. Pornography's Relationship to Rape and Aggression Toward Women. Heftserie: Research on Pornography: The Evidence of Harm. National Coalition against Pornography: Cincinnati, o. J. (ca. 1990). 10 S.

57 Genauere Angaben bei William A. Stanmeyer. The Seduction of Society. a. a. O. S. 23-24.

58 William L. Marshall. A Report on the Use of Pornography by Sexual Offenders. Prepared for the Federal Department of Justice. Federal Department of Justice: Ottawa (CAN), 1983; vgl. zu dieser Untersuchung David Alexander Scott. »Pornography and Violent Behavior«. S. 145-161, in: Tom Minnery (Hrsg.). Pornography: A Human Tragedy. A. a. O. S. 148-151.

59 Vgl. die kurze, tabellarische Zusammenfassung ebd. S. 150.

60 G. G. Abel. »Use of Pornography and Erotica by Sex Offenders«. Presented to the U.S. Attorney General's Commission on Pornography. Houston (TX), 1985.

61 Siehe James B. Weaver. »Pornography and Sexual Callousness: The Perceptual Behavior and behavioral Consequences of Exposure to Pornography«. S. 215-228, in: Dolf Zillmann u.a. (Hrsg.). Media, Children, and the Family. Lawrence Erlbaum Ass.: Hillsdale (NJ), 1994. S. 221-222.

62 Drucilla Cornell. Die Versuchung der Pornographie. Berlin Verlag: Berlin, 1995. S. 94-95.

63 Rousas J. Rushdoony. »Images, Ikons, and Pin-ups«. S. 141-144. Journal of Christian Reconstruction Vol. I, No. (Summer 1974): Symposium on Creation, S. 142-143.

64 So auch Reiner Gödtel. Sexualität und Gewalt. A. a. O. S. 64-67.

65 Friedrich-Christian Schroeder. Pornographie, Jugendschutz und Kunstfreiheit. A. a. O. S. 26.

66 Siehe Child Pornography. Heftserie: Research on Pornography: The Evidence of Harm. National Coalition against Pornography: Cincinnati, o. J. (ca. 1990). S. 3.

67 James C. Dobson. »Enough is Enough«. A. a. O. S. 41.

[68] Die gründlichste, leider schon etwas ältere Studie dazu ist Diana E. H. Russell. Rape in Marriage. Macmillan: New York, 1982, darin bes. S. 83-85+120+138 u. ö. (weitere Literatur und Belege in S. 387, Anm. 9).

[69] Siehe z.B. »The Victims Speak«. S. 163-183 in: Tom Minnery (Hrsg.). Pornography: A Human Tragedy. Christianity Today & Tyndale House: Wheaton (IL), 1986.

[70] So bes. Richard E. McLawhorn. Summary of The Final Report of the Attorney General's Commission on Pornography July 1986. A. a. O. S. 14.

[71] Detlef Drewes. Kinder im Datennetz. a. a. O. S. 52-53.

[72] Richard E. McLawhorn. Summary of The Final Report of the Atttorney General's Commission on Pornography July 1986. A. a. O. S. 14.

[73] Z.B. Alice Schwarzer. PorNo: Opfer und Täter, Gegenwehr und Backlash, Verantwortung und Gesetz. Kiepenheuer & Witsch: Köln, 1994 (sic); Alice Schwarzer. »Der Gesetzesentwurf von ›EMMA‹«. S. 181-187, in: Eva Dane, Renate Schmidt (Hrsg.). Frauen und Männer und Pornographie. Fischer Taschenbuch Verlag: Frankfurt, 1990; Andrea Dworkin. Pornographie: Männer beherrschen Frauen. Fischer Taschenbuch Verlag: Frankfurt, 1990; Renate Berger. »Lady Killer: Überlegungen zum Verhältnis von Kunst und Pornographie«. S. 69-81, in: Eva Dane, Renate Schmidt (Hrsg.). Frauen und Männer und Pornographie. Fischer Taschenbuch Verlag: Frankfurt, 1990.

[74] Alice Schwarzer. »Der Gesetzesentwurf von ›EMMA‹«. A. a. O. S. 183.

[75] Ebd. S. 191.

[76] Ebd. S. 182.

[77] Renate Schmidt. »Pornographie – hinsehen oder wegsehen? Rückblick nach 20 Jahren«. S. 15-22, in: Eva Dane, Renate

Schmidt (Hrsg.). Frauen und Männer und Pornographie. Fischer Taschenbuch Verlag: Frankfurt, 1990.

[78] Ebd. S. 15-18.

[79] Ebd. S. 18.

[80] Ebd. S. 15.

[81] Beate Uhse. »Bedarf, Bedürfnis, Befriedigung«. S. 94-102, in: Eva Dane, Renate Schmidt (Hrsg.). Frauen und Männer und Pornographie. Fischer Taschenbuch Verlag: Frankfurt, 1990.

[82] Ebd. S. 96.

[83] Alles ebd. S. 98.

[84] Nähere Angaben bei James C. Dobson. »Enough is Enough« A. a. O. S. 35.

[85] Ähnlich William A. Stanmeyer. The Seduction of Society. A. a. O. S. 76-78.

[86] Vgl. ihre Autobiographie Beate Uhse. Mit Lust und Liebe: Mein Leben. Aufgezeichnet von Ulrich Pramann. Ullstein: Frankfurt, 1989.

[87] Ebd. S. 226-227.

[88] Beate Uhse. »Bedarf, Bedürfnis, Befriedigung«. A. a. O. S. 97.

[89] Ernest Bormann. Sexuelle Marktwirtschaft: Vom Waren- und Geschlechtsverkehr in der bürgerlichen Gesellschaft. Fischer Taschenbuchverlag: Frankfurt, 1994; pro Pornographie bes. S. 76-100.

[90] Ebd. S. 7.

[91] Adolf Gallwitz, Manfred Paulus. Grünkram: Die Kinder-Sex-Mafia in Deutschland. A. a. O. S. 42.

[92] Renate Schmidt. »Pornographie – hinsehen oder wegsehen? Rückblick nach 20 Jahren«. S. 15-22, in: Eva Dane, Renate Schmidt (Hrsg.). Frauen und Männer und Pornographie. Fischer Taschenbuch Verlag: Frankfurt, 1990. S. 19.

[93] Herbert Selg. Pornographie. A. a. O. S. 116.

94 Gerhard Merkel. »Pornographie ohne Grenzen: State-ment«. S. 14-49, in: Jürgen Becker (Hrsg.). Pornographie ohne Grenzen. Schriftenreihe des Archivs für Urheber-, Film-, Funk- und Theaterrecht 120. Nomos-Verlagsgesellschaft: Baden-Baden, 1994. S. 14-15.

95 Nach William A. Stanmeyer. The Seduction of Society. A. a. O. S. 19.

96 Vgl. ebd. S. 118.

97 Detlef Drewes. Kinder im Datennetz. a. a. O. S. 7.

98 Gerhard Merkel. »Pornographie ohne Grenzen: State-ment«. S. 14-49, in: Jürgen Becker (Hrsg.). Pornographie ohne Grenzen. Schriftenreihe des Archivs für Urheber-, Film-, Funk- und Theaterrecht 120. Nomos-Verlagsgesellschaft: Baden-Baden, 1994. S. 15.

99 Im Jahr 1993, nach Detlef Drewes. Kinder im Datennetz. A. a. O. S. 37.

100 Adolf Gallwitz, Manfred Paulus. Grünkram. A. a. O. S. 21.

101 So ebd. S. 21+41.

102 Ebd. S. 41.

103 Detlef Drewes. Kinder im Datennetz. A. a. O. S. 74-75.

104 Kapitelüberschrift Detlef Drewes. Kinder im Datennetz. A. a. O. S. 42-44.

105 So bes. William A. Stanmeyer. The Seduction of Society. A. a. O. S. 39-52.

106 Detlef Drewes. Kinder im Datennetz. A. a. O. S. 52-53.

107 James C. Dobson. »Enough is Enough«. S. 31-55 in: Tom Minnery (Hrsg.). Pornography: A Human Tragedy. Christianity Today & Tyndale House: Wheaton (IL), 1986. S. 40-41.

108 Richard E. McLawhorn. Summary of the Final Report of the Attorney General's Commission on Pornography July 1986. A. a. O. S. 6.

109 Ebd.

110 Frank Kaleb Jansen (Hrsg.). Target Earth. University of the Nations, Hawaii & Global Mapping International: Passadens (CA), 1989. S. 68.

111 Gerhard Merkl. »Pornographie ohne Grenzen: Statement«. S. 14-49, in: Jürgen Becker (Hg.). Pornographie ohne Grenzen. Schriftenreihe des Archivs für Urheber-, Film-, Funk- und Theaterrecht 120. Nomos-Verlagsgesellschaft: Baden-Baden, 1994. S. 15.

112 William A. Stanmeyer. The Seduction of Society. A. a. O. S. 42.

113 James C. Dobson. »Enough is Enough«. S. 31-55, in: Tom Minnery (Hrsg.). Pornography: A Human Tragedy. Christianity Today & Tyndale House: Wheaton (IL), 1986. S. 32; Jerry R. Kirk. Vorwort in: Richard e. McLawhorn. Summary of the Final Report of the Attorney General's Commission on Pornography July 1986. National Coalition against Pornography: Cincinati (OH), 1986. S. 6.

114 Nach William A. Stanmeyer. The Seduction of Society. A. a. O. S. 89.

115 James C. Dobson. »Enough is Enough« A. a. O. S. 89.

116 David Alexander Scott. »How Pornography Changes Attitudes« A. a. O.

117 Neil M. Malmuth, Ed Donnerstein. »The Effects of Aggressive-Pornographic Mass Media Stimuli«. Advances in Experimental Social Psychology 15 (1982): 103-136, bes. S. 139-130. 15 Artikel von Neil M. Malmuth werden ebd. S. 135 aufgelistet.

118 Wolfgang Illauer. »Wenn die Pornographie zum Massenkonsum führt« (Leserbrief). Frankfurter Allgemeine Zeitung vom 24.12.1997. S. 7.

119 Victor B. Cline. »Pornography Effects: Empirical and Clinical Evidence«. A. a. o. S. 230.

120 Bradley S. Grennberg. »Content Trends in Media Sex«. S. 165-182, in: Dolf Zillmann u.a. (Hrsg.). Media, Children, and the Family. Lawrence Erlbaum Ass.: Hillsdale (NJ), 1994.

121 Ebd. S. 166.

122 Ebd. S. 170.

123 Ebd. S. 175.

124 William A. Stanmeyer. The Seduction of Society. A. a. O. S. 62

125 Rolf Degen. »Bis dass der Frust euch scheidet«. Die Welt vom 7.10.1998. S. 9.

126 Detlef Drewes. Kinder im Datennetz. A. a. O. S. 68.

127 Adolf Gallwitz, Manfred Paulus. Grümkram: Die Kinder-Sex-Mafia in Deutschland. A. a. O. S. 29.

128 Herbert Selg. »Über Wirkungen von Gewaltpornographie« A. a. O. S. 154-155.

129 Günter Amendt. »Von der Sexfront in den Grabenkrampf ...«. S. 23-28, in: Eva Dane, Renate Schmidt (Hrsg.). Frauen und Männer und Pornographie. Fischer Taschenbuch Verlag: Frankfurt, 1990. S. 25.

130 So vor allem Renate Berger. »Lady Killer: Überlegungen zum Verhältnis von Kunst und Pornographie«. S. 69-81, in: Eva Dane, Renate Schmidt (Hrsg.). Frauen und Männer und Pornographie. Fischer Taschenbuch Verlag: Frankfurt, 1990. S. 70-47.

131 Ebd. S. 70-71.

132 Ebd. S. 73.

133 Ebd. S. 74.

134 Friedrich-Christian Schroeder. Pornographie, Jugendschutz und Kunstfreiheit. A. a. o. S. 31; vgl. das ganze Buch.

135 Wiedergegeben in ebd. S. 61-100.

[136] Richard E. McLawhorn. Summary of the Final Report of the Attorney General's Commission on Pornography July 1986. A. a. O. S. 15.

[137] So bes. William A. Stanmeyer. The Seduction of Society. A. a. O. S. 35.

[138] Gerhard Merkl. »Pornographie ohne Grenzen: Statement«. S. 14-49, in: Jürgen Becker (Hrsg.). Pornographie ohne Grenzen. Schriftenreihe des Archivs für Urheber-, Film-, Funk-und Theaterrecht 120. Nomos-Verlagsgesellschaft: Baden-Baden, 1994. S. 15.

hänssler

Christa Meves
Ich will leben
Briefe an Martina
Kt., 12 x 19 cm, 48 S., Nr. 865.005
ISBN 3-8789-305-4

Speziell für junge Mädchen schreibt die Kinder- und Jugendlichen-Psychotherapeutin wegweisende Briefe in aller heute gebotener Offenheit. Auf Fragen wie: »Wie weit kann ich gehen?« und »Wie ist das mit dem Freund?« und anderen »brennenden« Fragen geht sie gezielt und auf einfühlsame Weise ein. Sie vermittelt eine innere Haltung, die Ausstrahlung bis in die junge Partnerbeziehung hat, besonders im Blick auf voreheliches Intimverhalten.

Christ Meves
Anima
Verletzte Mädchenseele
Pb., 110 S., Nr. 865.062
ISBN 3-87893-062-3

Dieses Buch will ein Schrei sein, ein bewußtmachender und aggressiver Schrei der Seele junger Frauen. Wo finden Mädchen in unserer Zeit ihren Platz, ihren Weg?
In vielen Bildern wird dieses Suchen und Fragen dargestellt. Christa Meves zeigt in Worten und Bildern das »Seelenleben« vieler junger Frauen auf und versteht es, behutsam auf die drängenden Fragen einzugehen.

Bitte fragen Sie in Ihrer Buchhandlung nach diesen Büchern!
Oder schreiben Sie an den Hänssler Verlag, D-71087 Holzgerlingen.